帝王家的
那些事儿

墨香满楼◎编著

探秘北京 ①

中国铁道出版社有限公司
CHINA RAILWAY PUBLISHING HOUSE CO., LTD.

图书在版编目（CIP）数据

探秘北京.①, 帝王家的那些事儿 / 墨香满楼编著.
北京 : 中国铁道出版社有限公司, 2025. 7. -- ISBN
978-7-113-32321-9

Ⅰ. K291

中国国家版本馆CIP数据核字第2025SX4576号

书　　名：**探秘北京①：帝王家的那些事儿**
　　　　　TANMI BEIJING ① : DIWANGJIA DE NAXIE SHIR
作　　者：墨香满楼

责任编辑：冯彩茹　　　　　　　　　　　电　　话：（010）51873005
封面设计：赵　兆
责任校对：苗　丹
责任印制：高春晓

出版发行：中国铁道出版社有限公司（100054，北京市西城区右安门西街8号）
网　　址：https://www.tdpress.com
印　　刷：河北宝昌佳彩印刷有限公司
版　　次：2025年7月第1版　2025年7月第1次印刷
开　　本：710 mm×1 000 mm　1/16　印张：16.25　字数：226千
书　　号：ISBN 978-7-113-32321-9
定　　价：98.00元

　　北京是一座有着三千多年建城史和八百多年建都史的历史文化古城，是"中国四大古都"之一。它聚集了人类文化的精华和瑰宝，是我国的政治、经济和科学文化中心，也是国内国际交往的中心之一。

　　历史上的北京，称谓众多，有六十多个，而有关"北京"的明确记载最早出现在西周时期。周天子封帝尧的后代于蓟，封周宗世召公于北燕，之后燕吞并了蓟，并以蓟为都城建立起燕国，形成北京城最早之雏形。

　　秦、汉、魏晋南北朝及隋唐时期，因政权更替变迁的"主战场"都在西安、洛阳和开封一带，因此当时的北京并没有成为主要城市，但随着蒙古人建立元朝，北京发生了翻天覆地的变化。

　　1271年，忽必烈建立元朝，定都北京，史称"元大都"。如今我们所看到的北京城就是在元大都的基础上建设而成。此外，元大都还留下了当今最具北京特色的"胡同"文化。

　　明灭元后，朱元璋定都南京，但很快，在1402年，燕王朱棣发动"靖难之役"，夺取明朝政权，并将都城从南京迁到了北京。"靖难之役"可以说是明王朝一次新的开始，也是北京城一次新的开始。

　　清爱新觉罗氏入主中原后，其都城依然定在北京，甚至连宫殿也沿用了明朝的建筑。在清朝，北京城终于完善成熟起来。

辛亥革命后，经历民国初期的军阀混战，经历抗日战争的连天炮火，北京城终于在 1949 年 10 月 1 日获得新生，成为新中国的首都！

北京作为一座有着三千多年建城史的城市，它的每一条街道、每一条胡同、每一个角落都有属于自己的故事，封存了多少悲欢离合与爱恨情仇；北京作为一座有着八百多年建都史的城市，它流传了太多帝王家的事儿，整个城市都散发着古老而神秘的气息。

本书从帝王秘史、后宫逸事、陵墓祠堂三个方面，搜罗明清之际流传在北京城的帝王家的那点事儿，雅俗共赏地展现在读者眼前。文章以探秘的形式将坊间传闻转变为一个个生动、新奇的故事，让读者在"悦读"的氛围中对北京城、对帝王家的谜案重重有个清晰的认知。

作　者

目 录

后宫逸事

陵墓祠堂

帝王秘史

明朝紫禁城第一帝——明成祖朱棣

朱棣，明朝的第三位皇帝，是明朝开国皇帝朱元璋的第四子。

1368 年，明太祖朱元璋建立明朝，之后，封朱棣为燕王。1399 年，朱棣发动"靖难之役"，几年之后夺取了皇位，之后又将明朝的都城由南京迁往北京，成为历史上第一个定都北京的汉人皇帝，也由此奠定了北京此后的首都地位。

明成祖朱棣画像

此外，朱棣的称帝之路虽然算不上光彩，但他却算得上是明朝的一位好皇帝。他开启了明朝历史上的盛世局面，成就了历史上著名的"永乐盛世"。

朱棣为何要将都城迁到北京

明朝原本的都城在南京，其实当时的南京城相当繁荣，地理位置也比较优越，而且也不是战争常发之地，但"靖难之役"后朱棣却将都城由南京迁到了北京。朱棣到底是出于什么原因将都城从繁华的南京迁往战事频发的北京呢？

朱棣算是一位在马背上长大的皇子。朱元璋在建立明朝之后，就将他的第四个儿子朱棣封为燕王。燕王的势力范围就在今天的北京地区，其目的是防止北方民族部落的入侵。

在明朝建立之初，北方地区并不太平。元朝灭亡之后，蒙古人一直对自己的失败不死心，总试图重整旗鼓再次入主中原。出于这个原因，朱元璋便让朱棣镇守在北京地区，以防北方民族部落的再次入侵。其实这也是朱棣迁都北京的原因之一，是为了维护边疆地区的稳定。

除了这个原因，还有就是朱棣对北京这个地区比较熟悉。因为自从被封为燕王之后，朱棣就长期在这个地方活动，比起南京来他更熟悉这里的一草一木、一砖一瓦，并且还培养了一批拥护他的将领，因此，在成为皇帝之后，难免会有恋乡之情。

不过如果往深里想，其实还有一个原因，就是在发动"靖难之役"时，虽然朱棣"义正词严"，但难免有失忠、义、仁之嫌，他怕在南京城朱允炆的旧部会威胁到他的统治，将都城迁到他熟悉的北京比较安全一些。

揭秘朱棣屠杀上千宫女之谜

朱棣通过发动"靖难之役"从侄子朱允炆手上"夺"得了统治权，虽然登基称帝的过程并不光彩，但朱棣算得上是明朝一位不可多得的好皇帝，因为他开启了"永乐盛世"的局面。

作为这样一位不可多得的好皇帝，在他身上却发生了屠杀宫女的事情，而且这种屠杀是大规模的，据说死在他手上的宫女有三千人之多。那么，贵为天子的朱棣为何要对宫女进行大规模的屠杀呢？其中究竟发生了什么？

根据相关史料记载，朱棣共对宫女进行了两次大规模的屠杀。第一

帝王秘史

次发生在永乐初年，说起这次屠杀要从朱棣率军出征漠北说起。

永乐初年，大明王朝在明成祖朱棣的治理下，国力可谓蒸蒸日上。在国家一片繁荣昌盛的景象里，朱棣也像其他皇帝那样，完全沉迷于温柔乡之中。他开始在全国广招美女，充实后宫，在选佳丽的过程中，一位来自朝鲜族的美女权氏，凭借绝佳的容貌和过人的才华，很快得到了朱棣的怜爱，成为朱棣后宫最受宠的妃子之一。

1410 年，本性好战的朱棣按捺不住征服的欲望，亲自率军发动了征讨漠北的战争。在出征时，他带上了权妃。可在朱棣凯旋班师回京的途中，权妃竟病死于路上，权妃的死给朱棣带来了沉重的打击。

就在朱棣悲伤欲绝的时候，宫中有人报告给了他一个消息，朱棣听到这个消息后，大发雷霆，回朝后在没有经过进一步仔细调查的情况下就诛杀了一百多名宫女宦官。朱棣到底听到了一个什么消息，让他丧心病狂地对宫女宦官下此毒手？

这件事还要从一个叫贾吕的女人说起。这位贾吕原本是一位朝鲜族来中原地区做生意的人的女儿，她在朱棣广招美女入宫的时候，也被选入宫中，不过她并未得到朱棣的宠爱，内心一直苦闷不堪。后来，她在宫中结识了本族先期入宫的宫女吕氏，因为都是朝鲜族，所以贾吕想与吕氏交往。但因为吕氏认为贾吕为人不正，便拒绝同她交往，对此贾吕一直怀恨在心，等待报复吕氏的机会。

而权妃的死，无疑给贾吕报复吕氏提供了一个机会。因为当时吕氏随军侍候过权妃。贾吕就在朱棣伤心欲绝的时候在其面前诬陷说："吕氏因为嫉妒权妃得到了您的宠爱，而将其毒死。"

朱棣在不辨事情真伪的情况下，将曾经服侍权妃的一百多名宫女宦官统统杀了。

第二次屠杀宫女的事情，则是发生在几年之后。权妃的去世虽然让朱棣难过了很长一段时间，但经过一段时间后，他逐渐从悲痛之中解脱出来，王贵妃逐渐取代权妃，成为当时明成祖最为宠幸的妃子。但可惜的是这位王贵妃无福消受，正当朱棣准备立她为皇后的时候，她不幸病逝。事情说来也巧，正当朱棣再次痛失爱妃之时，贾吕与宫人鱼氏私下与小宦官结好之事又传到了他的耳中。

听到这件事后，朱棣再次大发雷霆，贾吕和鱼氏知道自己没好下场，便上吊自尽。朱棣为了查清楚宫中到底还有多少这样的丑闻，便亲自审问贾吕的侍婢，在审问的过程中，他听到了一个让他浑身直冒冷汗的消息：宫中的一些宫女竟然正在密谋杀了他！听到这个消息后的朱棣极为震惊和愤怒，于是他决定清理后宫！根据不完全统计，当时受株连被诛杀的宫女将近两千八百名，再加上永乐初年他所屠杀的一百多名宫女，将近有三千名宫女死于明成祖朱棣的屠刀之下。

这就是朱棣屠杀数千宫女的故事。通过这个故事也可以看出，朱棣这个人的确是一位嗜好杀戮的皇帝。

朱棣与正阳门箭楼的传说

正阳门也就是俗称的前门，它至今已有五百多年的历史了。朱棣在迁都北京后，为了加强京师的防御，在京师的各个城门上都添建了箭楼，而在老北京民间就一直流传着一个有关朱棣与正阳门箭楼的故事。

明成祖朱棣迁都北京后，在原来的元大都基础上重新修建了北京城。在重修北京城的过程中，为了加强京师的防御，他命令工匠在各个城门上都添建一个箭楼。正阳门作为京师最中心地带的一座城门，朱棣希望正阳门的箭楼能够修建得高大壮观一些。可当正阳门箭楼竣工后，他发现箭楼跟他想象中有很大差距。于是，朱棣闷闷不乐，下令让工匠们在一个月的时间内重新建设，否则将治工匠们重罪。

工匠们无计可施，整天愁容满面，不知该如何改建。正当工匠们犯愁的时候，有一天，突然来一个衣衫褴褛的老乞丐，他手里拿了一盘咸菜，到处要求人们往咸菜里加盐，一连好几天修建箭楼的工匠总能看见

他。当第五天这位穿着破烂的老乞丐再次出现的时候，有位工匠突然对大伙说："这个老乞丐，整天要求人们给他加盐，莫非是在暗示我们为箭楼添个飞檐？"

大伙受到了启发，很快为箭楼添建了一周飞檐。新建成之后的箭楼，相比之前显得更加高大美观。一个月之后，朱棣再来视察的时候，发现眼前这座箭楼跟他想要的简直一模一样，于是他不但没有惩罚那些工匠，还重重地赏赐了他们。

当朱棣问这些工匠是如何改建时，工匠们将老乞丐的故事讲给了朱棣，朱棣认为这位老者是鲁班显灵，是来帮助他们的。

"肥胖皇帝"——明仁宗朱高炽

明仁宗朱高炽是明朝第四位皇帝，他是明成祖朱棣的长子，他的儒雅与仁爱曾深得朱元璋的喜爱。他是明朝比较有作为的皇帝之一，在位期间鼓励发展经济，减少战争，为"仁宣之治"奠定了基础。

明仁宗朱高炽画像

差点因肥胖失去皇位

明仁宗朱高炽作为明朝在北京城的第二位皇帝，算得上是一位好皇帝。他的性格稳重沉静，行止有度，不像其父亲朱棣那样喜好杀戮。也正是因为这一点，朱棣并不怎么喜欢这位长子，再加上朱高炽体态肥胖，脚上又患有疾病，每次走路都需要内侍搀扶，这让朱棣更加不喜欢他。

朱棣在发动"靖难之役"时，由于朱高炽身体肥胖的原因，命他留守北京城，而随军作战的则是他的第二子朱高煦。因为朱高煦作战英勇，与朱棣颇有几分相似，并且在战争中多次救朱棣于危难之间，因此

朱棣就曾对朱高煦许愿说："你大哥多病，将来皇位必是你的。"

在"靖难之役"后，朱棣顺利地登基称帝，但在立皇太子的时候朱棣却犹豫了起来。如果从战功上来看，朱高炽和朱高煦两人互有千秋，朱高煦虽然在战场前线立下了不少战功，不过当初留守北京城的朱高炽曾以万人之军成功地阻挡了建文帝的大将李景隆的五十万大军，保住了北京城。

但从朱棣个人喜爱程度来看，朱棣更加喜欢次子朱高煦，因为朱高煦的性格与他很像，但朱高炽就差点意思了。另外，朱高炽的体态过于肥胖，也差点让他和皇太子的位子失之交臂。

不过废长立幼在封建社会的帝王家可不是一件好事，弄不好就得断送江山，尤其朱棣才刚刚从侄子那儿夺下江山，出于谨慎他就召见大臣讨论此事，结果大臣们一致表示支持立朱高炽为皇太子。原因有两个：其一，朱高炽是当年太祖皇帝最喜欢的皇孙，在朱棣还是世子的时候就隔代钦点朱高炽为"圣孙"；其二，朱高炽本人又没有犯过有损皇室的错误，而且他的性格儒雅又懂得为君之道。就这样，朱高炽在大臣们的一片称赞声中被立为皇太子，后来在1424年8月登基称帝。

说来，朱高炽的皇位得来不易，要不是大臣们的求情，也许他真的会因为肥胖而失去太子之位，也就更不能称帝了。

揭秘朱高炽之死

朱高炽自1424年称帝后，勤于政绩，鼓励发展经济，减少战争，为"仁宣之治"奠定了基础。但他在位不到一年，于1425年猝死于宫内钦安殿，更为奇怪的是他的死因在正史中并无详细记录，这也让明仁宗朱高炽的死因成为千古谜案。

因为正史上缺乏记载，朱高炽的死引发了后人的无限猜想，有关他的死因在民间一直流传着四种说法，那么哪种说法更可信呢？

第一种说法：因纵欲过度而死。

要想知道朱高炽是否因纵欲过度而死，就要搞明白他是否是好色之徒。其实朱高炽的贪色程度在明史上还算比较低的，不过作为九五之尊的皇帝纵欲也是可以理解的，毕竟他们身上都担负着将江山世代传承下去的重任。朱高炽虽然肥胖，但也不会例外。并且从当时一位名叫李时勉的大臣的一份奏折中就可以看出，朱高炽的确存在纵欲的情况。

李时勉在奏折中劝朱高炽"谨嗜欲"，朱高炽看完后大为恼火，当时就将李时勉下了诏狱。在朱高炽生命垂危之际，他仍难忘此恨，说"时勉廷辱我"。由此可见，朱高炽确实纵欲无度，李时勉奏疏触及其痛处，否则不会如此耿耿于怀。

第二种说法：被长子朱瞻基谋害。

被长子谋杀的原因很简单，朱瞻基想快点称帝。不过这种说法疑点重重。朱瞻基也就是后来的明宣宗，他和父亲的关系向来很好，而且朱高炽能够得到皇位，还与他多少有点关系。

据说，当时朱棣被立皇子之事搞得整天郁郁寡欢，时间久了自然身体憋出了点毛病。一天，正当他又为立皇子的事情感到苦恼的时候，朱瞻基来到朱棣身边，对朱棣说："爷爷，我爸爸听说你的身体最近不适，总是睡不好觉，他让我转告您，您一定要多注意身体。"

朱棣听到这句话后，那种家庭的温暖扑面而来。虽然他不喜欢朱高炽，但面前这位小皇孙他却十分喜欢，因为他觉得小皇孙朱瞻基聪明英睿，胆识过人，有帝王之相。如果将来他成为大明朝的皇帝，自己得到的江山一定会永世长存。可是眼下又不能隔代传位，为了能让朱瞻基将来称帝，他只能将皇位传给他的父亲朱高炽。

由此可以见，朱瞻基成为皇帝已经是迟早的事了，他没有必要去谋杀自己的父亲，提前称帝。再者，正史上或者野史中也毫无父子二人因此事大动干戈的记载，所以这种说法基本靠不住。

第三种说法：死于后宫之争。

在野记中记载了这样一个故事，说郭贵妃（朱高炽众多妃子之一）凭借自己给朱高炽生育了三个皇子，并且这三个皇子都被封王，而想成为皇后。一天，她设宴邀请朱高炽以及当时的皇后。席间，她亲自为皇后斟酒，并向她敬酒。不过，皇后早就知道这位郭贵妃对自己的位子窥视已久，所以迟迟没有接过那杯酒。就在这时，朱高炽见宴席上的气氛十分尴尬，便说道："郭贵妃向皇后敬的酒有什么不能喝的？"然后抢过那杯酒就一饮而尽。看着朱高炽喝了那杯酒后的郭贵妃顿时大惊失色，就随便找了个借口结束了这场宴会。

而朱高炽在喝完那杯酒不久之后便去世了。但这件事并没有到此结束，朱高炽死后，根据《明宣宗实录》记载，这位郭贵妃也在殉葬之列。要知道其实郭贵妃原本不应该殉葬的，因为她生有三个皇子，并且每个都被封王了。按照明朝殉葬制的规定，只有那些没有子嗣的妃嫔才会被殉葬，而郭贵妃为什么也在殉葬之列，这是否与那杯酒有关，就不得而知了。

第四种说法：服用"灵丹妙药"而死。

这种说法也颇有说服力。身为皇帝的朱高炽同样也想长命百岁，永远当皇帝，因此难免会相信丹药能延年益寿的说法，并且整个明朝几乎历代皇帝都有服用丹药的习惯。

关于这种说法在《病逸漫记》一书中也有记录，说当时朱高炽的一位贴身太监，给朱高炽送去了当日要服用的丹药，朱高炽服完丹药后没多久就去世了。

这种说法受到后人的认可，说朱高炽很有可能是因此而丧命的。

这就是有关明仁宗朱高炽死因的几种说法，这四种说法看似都有一定道理，到底明仁宗朱高炽是因何而死，史学界一直没有定论，因此这个谜案至今也没有破解。

"蟋蟀皇帝"——明宣宗朱瞻基

明宣宗朱瞻基是明朝的第五位皇帝，其父是明仁宗朱高炽，母亲是张太后。朱瞻基自幼就深得祖父朱棣的喜爱与赏识，在永乐九年也就是 1411 年就被立为皇太孙，随后跟随朱棣多次征讨蒙古。

朱瞻基和其父一样，善于倾听大臣的建议，执政期间，主动从交趾撤兵，节省了财力，减轻了人民的负

明宣宗朱瞻基画像

担。他在位期间，实行重农政策，赈荒惩贪，仁政爱民，还派郑和第七次下西洋。除此之外，他平定了叔叔朱高煦的叛乱，为大明朝的稳定立下了功劳。当时政治清明，经济繁荣，百姓安居乐业，史称"仁宣之治"。

明宣宗为何一直想要废后

明宣宗朱瞻基作为明朝历史中比较有作为的皇帝，在他统治期间出现了明朝少有的盛世局面。就是这样一位好皇帝在他身上却发生了一件令后人感到不可思议的事情，就是他从执政开始就一心想要废后。那么

帝王秘史

朱瞻基和皇后之间究竟发生了什么事情？

其实在中国古代，废皇后的事情屡见不鲜，朱瞻基废后之事之所以被后人关注，是因为他是明朝废后第一人。说起此事，还要从永城一个姓孙的女子讲起。

这位孙小姐原籍邹平，其父亲孙忠在永城任主簿，所以孙小姐自幼在永城长大。这位孙小姐可谓天生丽质，在年龄很小的时候，就凭借自己的美貌在永城有着很高的知名度。在十岁的时候，彭城伯夫人（明成祖皇后徐氏的母亲）向明成祖提出选入内宫抚养，成为将来朱瞻基择配的人选。入宫后的孙氏很快就得到了朱瞻基的宠爱。

1417年，明成祖朱棣却重新为皇孙朱瞻基选妃，选中的是济宁百户（官职名称）胡善祖的女儿胡氏，并马上立这位胡氏为皇太孙妃，而立深得朱瞻基喜欢的孙氏为皇太孙嫔。别看两人所立的名称只有一字之差，地位却相差甚远。

朱棣的这次安排，让朱瞻基十分不满，但碍于是爷爷的安排又不敢违抗，不过这为他后来一直想要废后埋下了伏笔。

虽然朱瞻基按照爷爷的意思娶了胡氏为妻，但自从结婚那天起，他就从未到胡氏那里去过，后来胡氏也慢慢发现原来朱瞻基和自己结婚完全是出于朱棣的安排，自然成天郁郁寡欢，因此久病难愈。

后来，成祖朱棣、仁宗朱高炽相继去世，朱瞻基在1425年即位称帝，称帝后他再次碍于当时的制度将胡氏立为皇后，与此同时又立孙氏为贵妃。当年册立后妃，按祖宗制度，皇后册立之时有宝（即金玺）有册（即写有皇帝封赐命令的金册），贵妃则有册无宝，但宣宗特命制金宝赐予孙贵妃，贵妃有宝自孙氏始，可见宣宗对她的宠爱程度绝非一般。

其实朱瞻基此时就有了废后的想法，或者说他压根就不想立胡氏为后。在1427年孙贵妃又为朱瞻基生了一个皇子，也就是后来的明英宗朱祁镇，这更坚定了他废后的想法。

他想到的废后办法很简单，胡皇后因为体弱多病，一直未能生育，所以当朱祁镇出生后还不满三个月就被册封为太子。正所谓母以子贵，朱祁镇成为太子，他的生母孙贵妃的地位自然水涨船高，这就为废后找了一个合情合理的理由。

不过朱瞻基并没有草率行事，他还是召见了张辅、蹇义、夏原吉、杨士奇、杨荣等大臣商议废胡氏立张氏的事情，而大臣一致反对。

但朱瞻基很聪明，他没有因大臣们的反对而恼火，反倒是隔三岔五地找他们聊这件事，久而久之大臣们便开始慢慢接受朱瞻基的想法了。眼看时机成熟，朱瞻基立马废掉了胡皇后，而改立孙氏为皇后。

这就是明朝历史上第一次废后事件，不过在数年之后明宣宗朱瞻基对此事也颇有悔意，他曾说了这样一句话："此朕少年事。"

朱瞻基因酷爱蟋蟀而出人命

明宣宗朱瞻基在明史上无疑是一位明君，他开创并成就了"仁宣之治"，但就是这样一位圣贤之君，因为沉溺玩蟋蟀，搞得劳民伤财，还造成了很多家庭的不幸。也正因为如此，明宣宗朱瞻基又被称为"促织天子""蟋蟀皇帝"，在历史上留下了极为不光彩的一页。那么，朱瞻基到底是如何因为喜欢蟋蟀而闹出人命的呢？

朱瞻基十分喜欢斗蟋蟀，于是他派人专门到江南一带去寻找能斗的蟋蟀，这使原本一文不值的小虫顿时成了值钱的宝贝。江南一带的人便开始四处捕捉蟋蟀。当时在江苏吴县一带有位管税的粮官，无意间在市场上寻得了一只体型十分彪悍的蟋蟀，因为所带的银两不多，于是他用自己的骏马外加身上的官家银两换来了这只蟋蟀。

他将蟋蟀用盒子装好后回家，到家后他告诉妻子自己用家里的那匹骏马和今天身上所带的官家银子换了一只不错的蟋蟀，等过几日朝廷来人收它，就能够赚到很多钱。说完后，便把盛放蟋蟀的盒子放在桌上，

帝王秘史

出门去了。粮官的妻子听丈夫说用骏马换一只小虫子，认为这只虫子一定与众不同，于是偷偷地打开盒子想看看，哪知盒子一打开，蟋蟀就跳出来跑了。

妻子看见蟋蟀跑了后，感到非常害怕，只好自缢而死。晚上粮官回家后，看着桌子上空空的盒子和已经死去的妻子，一来他思念妻子，二来怕难逃官府的惩罚，无奈之下也上吊自尽了。

朱瞻基对蟋蟀的痴迷程度已经达到了让人无法理解的地步。大臣和地方官员为了讨他欢心，向百姓摊派进贡蟋蟀的任务，给百姓带来了沉重的负担。这对夫妻只是众多的受害者之中的两位，在那段时间里，有很多人因为蟋蟀而丧命。

后来，《聊斋》一书中的《促织》就是借描写明朝宣德年间征收促织的事情，来影射当时的社会现实。

朱瞻基为何要烤死他的叔叔

被明宣宗朱瞻基烤死的不是别人，正是当年深得明成祖朱棣喜爱的汉王朱高煦。

因为朱高煦深得朱棣的喜爱，朱棣又曾对他许诺将来要立他为太子，后来却立了朱高炽为太子，因此他一直怀恨在心。朱高炽在位不到一年便去世，随后朱瞻基称帝，这让朱高煦更为不甘，于是他发动了叛乱，准备效仿明成祖朱棣从侄子手中夺取江山。

1426年，朱高煦在山东乐安发动兵变，他先派遣亲信枚青等人潜到北京城，积极联合当初他在京城的旧部作为内应。不过这事很快被张辅得知，张辅向皇帝朱瞻基上报此事，并将京城里朱高煦的旧部统统处死。

在朱高煦叛乱初期，朱瞻基一直犹豫不决，在大学士杨荣等人的强烈要求下，宣宗最后同意御驾亲征。最终在老将薛禄的辅佐下，攻陷了乐安，朱高煦被迫投降。

　　投降后的朱高煦被押往京师，软禁在紫禁城内。朱瞻基一直念叔侄之情，没有处罚朱高煦。有一次，他去看望被软禁的朱高煦，不料在进门时被朱高煦故意绊倒，这让朱瞻基大为恼火，但朱瞻基还没有要杀他，而是命人打造了一个三百斤的铜缸，将朱高煦放在里面。不承想被铜缸罩住的朱高煦试图将铜缸举起，砸死朱瞻基。这让朱瞻基既恐慌又恼怒，愤怒之下他命人取来木炭，堆积在铜缸周围，点燃木炭，把朱高煦活活烤死在铜缸内。

身世是个谜——明英宗朱祁镇

明英宗朱祁镇是明朝的第六位皇帝，他是明宣宗的长子，九岁便登基称帝。相比之前的成祖、仁宗、宣宗，他在位期间政绩一般。初期由于杨士奇、杨荣、杨溥等大臣的辅佐，社会经济还有所发展，后来三位老臣相继离世后，他便开始重用宦官王振，搞得朝廷上下乌烟瘴气。他在位期间还爆发了历史上有名的"土木堡之变"。

明英宗朱祁镇画像

朱祁镇两次登基称帝

明英宗朱祁镇是一位传奇皇帝，他一生两次登基称帝，这在中国历史上是比较罕见的。那么明英宗朱祁镇为何能够两次登基称帝？

朱祁镇第一次登基称帝在是他九岁那年。年幼的皇帝朱祁镇自然不懂该如何执政，不过好在有前朝大臣杨士奇、杨荣、杨溥等人的得力辅佐，这让年幼的皇帝能够得以安心，天下也相对太平。但随着三位老臣相继离世，朱祁镇也渐渐长大，他亲政后开始宠信宦官王振，朱祁镇对这位大太监可谓言听计从，搞得朝廷上下乌烟瘴气，王振也依靠皇帝的宠信在朝廷内外结党营私。

当王振在大明朝内一手遮天的时候，漠北的势力却在不断地发展。当时的漠北一分为二，出现了瓦剌和鞑靼两个部落，其中瓦剌逐步地强大起来，并隔三岔五地到明朝边境进行骚扰。骚扰归骚扰，瓦剌部落每年还是会向大明王朝进贡的。说是进贡其实就是从明朝骗取赏赐。因为当时明朝对进贡国家的使者，无论贡品如何，总要有非常丰厚的赏赐，而且是按人头派发。瓦剌部落的太师也先看中了这一点，派出的使臣不断增加，最后竟增加到三千多人。

如此的"贪"引起了比他更贪的王振的不满，于是他向英宗建议减少赏赐。赏赐的减少同样让瓦剌感到了不满，于是以此为借口发动了对明朝的战争。

当时的英宗正处少年气盛之时，决定要御驾亲征，王振也想耀武扬威，名留青史，于是极力赞成英宗的决定，还要求自己一同上阵。当时驻守北京城的士兵并不多，如果从其他地方调兵遣将需要一些时日，所以很多大臣都不建议英宗马上挥兵作战，更不希望皇帝自己御驾亲征。可是这些建议英宗统统没有采纳，他一意孤行发动了反击战，他还命人在最短的时间凑够了五十万军队，可惜的是军队中有很多都不是职业当兵的，这样的军队战斗力可想而知。

结果，明军和瓦剌军在大同附近遭遇并大战一场，其结果是明军大败，英宗和王振看到自己的士兵被一个个砍倒，二话不说，掉头就跑。可是王振却突发奇想，他想回趟老家，让老家人看看他这几年在外面混得是如何风光。而他的老家在蔚州，离大同十分近，于是他向英宗表达了衣锦还乡的愿望，英宗当时考虑都没有考虑就答应了。

于是，原计划要撤回北京的军队又浩浩荡荡地前往蔚州。在马上就要进入蔚州的时候，王振又心血来潮怕大军经过会踩坏家乡的庄稼，自己又会背上骂名，所以要求军队慢行轻走，看到田地一定要绕开。要知道他们现在是在撤军而不是在旅游，所以他们的军队很快被瓦剌的军队赶上。瓦剌将英宗的军队围住，而被围的地方就在怀来城外的土木堡，

最后明军全军覆没，英宗被俘，王振被明将樊忠杀死。

至此，英宗开始了他流亡塞北的生活。这时朝内一片哗然，国不可一日无君，于是大臣商定，立英宗之弟郕王朱祁钰为帝，改年号为景泰。

英宗被俘之后并没有被杀，一年之后瓦剌部落为了解决内部问题，决定和明朝握手言和，并放回了英宗朱祁镇。英宗被放回之后，一直被景泰帝软禁在紫禁城的南宫中。在景泰八年，景泰帝病重，石亨、徐有贞、宦官曹吉祥等人密谋帮助英宗复辟，也就是历史上有名的"夺门之变"。

就这样明英宗朱祁镇再次登基称帝，成为一生两次称帝的皇帝。

明英宗身世之谜

在封建时代，女人都以能够进入皇宫服侍皇帝而感到骄傲，但当真正入宫后她们会发现，这里的生活并没有想象中的那么美好，后宫的争斗真的不亚于战场上的刀光剑影。历朝历代后宫的争斗从未停止过，其中有关明英宗的身世也是后宫争斗遗留的一个历史疑案。

关于明英宗朱祁镇的生母是谁，史学界一直争论不休。从正统上来说一般都认为他的生母是孙皇后，就是那位自从入宫就深得宣宗朱瞻基喜爱的孙氏。其实这里存在很大的疑问。

当时宣宗的正室胡皇后，一直得不到宣宗的宠幸，所以她一直没有能为宣宗生下子嗣，所以宣宗就一直想废掉她皇后的位子，立孙氏为后。既然皇帝都有这个想法，那么作为准备被立的孙氏自然高兴。可惜的是虽然她几乎天天和宣宗皇帝待在一起，也没有能够为宣宗生下一儿半女。为了能够尽快坐上皇后的宝座，孙氏想到一条"狸猫换太子"的妙计。孙氏派人在宫中到处打听，看哪位宫女被皇上临幸后怀有身孕，

不久之后，还真被她找到了这样一位宫女，于是她很快把这个宫女带到自己的寝宫里，将其秘密地关在一个密室里，每天都会给这位宫女送去饭菜。孙氏则对外声称自己怀孕了，还假模假样让太医来给她把脉、开药，其实这位太医早就被她收买了。

就这样，她瞒天过海骗过了后宫里所有的人，在那个宫女分娩生下一小男孩后，她就将孩子抱到自己的身边，然后秘密将宫女处死。这个小男孩就这样成为孙氏的亲生儿子，这个小男孩也就是后来的明英宗朱祁镇，孙氏也凭借他由孙贵妃变成了孙皇后。

有关"狸猫换太子"的做法还有人认为不只是孙氏想出来的，其实宣宗皇帝也有参与，并且是他一手策划的，目的是让孙氏尽快被立为皇后。但不管如何，如果上面这个故事真实存在的话，那么明英宗朱祁镇的生母一定不是孙皇后，至于是谁目前还没人能给出明确的答案。

明英宗为何要废除殉葬制

在明朝有一种惨无人道的制度，那就是殉葬制。殉葬制指的是那些没有生育的后宫妃子或者服侍过皇帝的宫人，在皇帝去世后都要为他陪葬。从朱元璋到朱瞻基这几代皇帝，都有很多无辜的人为这种制度献出了年轻的生命，但是这个制度被明英宗朱祁镇废除，朱祁镇是出于什么目的废除祖宗定下的规定的呢？

探究朱祁镇废除殉葬制的原因，无非有三个。

其一，是因为他年幼时身边一直有很多照顾他的宫女和太监，这些人在宣宗去世后，都被拉去做了"陪葬"。这给年幼的朱祁镇在心理上造成了很大的伤害，也留下了永远无法消除的阴影，也许在那时他就萌生了要废除这种残酷制度的念头。

其二，与周宪王朱有燉有一定的关系。周宪王朱有燉是太祖第五子

朱橚之子，在他生前没有留下半个子嗣，因此他死前就向英宗提出，不要让他们的妻室为之殉葬。英宗也同意了他的请求，并拟定了诏书，可惜的是在诏书还未传到之时，周宪王朱有燉的王妃巩氏和施氏等六人已经同日自尽殉身，这让朱祁镇对这种制度更加厌恶。

还有一个原因就是他想保护曾和自己共患难的皇后钱氏。这位钱皇后，在朱祁镇被景泰帝软禁时候，通过自己做女红来换钱，每天都给朱祁镇去送吃的。在经历这些磨难后，朱祁镇不想让自己心爱的女人在自己死后为自己陪葬。再加上钱皇后并没有给朱祁镇生下子嗣，为了保护她，朱祁镇在临终前向大臣们颁布了一道口谕，说自己死后钱皇后可以不为自己殉葬，除了钱皇后外，那些没有子嗣的嫔妃皆可离宫，同样不需为自己陪葬。

就这样，从明英宗起殉葬制度便被废除了。

千古畸形之恋——明宪宗朱见深

明宪宗朱见深是明朝的第八位皇帝，是英宗朱祁镇的长子。朱见深为何会成为明朝第八位皇帝呢？按理说他应该是第七位。原因是在"土木堡之变"后，因为不知英宗是生是死，明朝内出现了一位景泰帝，所以从顺序上来看明宪宗是第八位皇帝。

明宪宗朱见深画像

宪宗一生有功有过。他在位期间平反了于谦冤案，不计景泰帝曾废自己太子之位的前嫌，以德报怨，恢复了景泰帝朱祁钰的代宗年号。另外，他还任用贤相李贤、彭时、商辂等人，一时间整个朝廷上下清明。同时，朱见深设置西厂来加强统治，大兴冤狱；开皇庄，大量兼并土地，与民争富。

明宪宗的畸形恋

说起明宪宗朱见深，人们首先想到的不是他为于谦平反，也不是他任用贤臣的功绩，而是他那段畸形恋。

在中国历史上出现的畸形恋很多，但像明宪宗朱见深这种不爱如花

帝王秘史

似玉的妙龄皇后，独爱并无半点风韵的半老徐娘的，却实为罕见！而这位半老徐娘不是别人，正是被后人称为万贵妃的贞儿。单听"贞儿"这个名字，的确给很多人造成无限的遐想，但事实上这位贞儿其实就是朱见深的奶妈。我们不妨来分析一下，朱见深是如何被这位贞儿吸引住的。这位贞儿难道是千年狐妖所化，拥有迷惑人心的魔力？

这位万贵妃并非妖狐所变化，也没有迷惑人心的法力，她之所以让朱见深如此痴迷，还要从朱见深的经历说起。原来，这万贵妃是明宣德年间的宫人，在朱见深两岁被立为皇太子时，就被派去照顾年幼的朱见深，并且成为贴身侍女。从此，她便一直陪伴在朱见深的身边。朱见深一天天地长大，她却一天天地衰老，不过无微不至的照顾让朱见深发现自己渐渐地离不开她了。

英宗去世后，不到十七岁的朱见深就当了皇帝，并且在成为皇帝后当年的七月就立吴氏为后，不过一月之后便废后了。这种"闪婚闪离"的情况让其母后周氏大为不解，她便问朱见深这是为何。朱见深说自己想立他的奶妈贞儿为后，周太后知道后很是气愤，并没有在意朱见深的想法。

后来，朱见深又立王氏为后，不过同样倾国倾城的王皇后依旧没有将朱见深的心从贞儿那里夺回来。根据史料记载，这位王皇后和朱见深共同生活了二十三年，但"终其身不十幸"，也就是说朱见深跟她同床共枕不到十次。

后来，这位贞儿为朱见深生了一个皇子，朱见深就以此为由将她封为贵妃，并向万贵妃许诺将来一定会封她为皇后。不过好景不长，刚刚出生的这位皇子还未满月就不幸夭折，于是万贵妃想要成为皇后的梦也破碎了。

这对万贵妃来说无疑是一个灾难性的打击，面对这种打击万贵妃性情大变，她开始了无休止的报复。她将矛头对准那些怀有身孕的妃子，她命人在她们的饮食或茶水里放入堕胎药。史书对此也有记载，说："掖廷御幸有身，饮药伤坠者无数。"

不仅如此，为了弥补丧子之痛，她还依靠宪帝的宠幸，不断给自己的家人带去好处。她的家人和兄弟个个贪得无厌，直把国库当作自家仓库。

最终，万贵妃于1487年去世，当年的8月，朱见深因悲伤过度离世，这才结束了明朝史上这段旷世的畸形恋。

明宪宗为何要设立西厂

提起明朝，我们首先想到的一定是当时最出名的"厂卫"制度。"厂"也就是东厂、西厂和内行厂（短暂存在五年）的合称，"卫"则是锦衣卫。这几个机构其实就是特务机构，搞得明朝官员人人自危，不敢随便说话，这样一来也阻断了大臣给皇帝的进言之路。其中，东厂是明成祖朱棣设立的，其地点在当时北京城的东安门之北（一说在东华门附近），而西厂则是由明宪宗设立，地点在北京城西城区灵济宫前面的一家灰厂内。既然已经有了东厂，宪宗为何还要成立西厂呢？

明朝东厂锦衣卫画

按照宪宗的说法是，想要知道皇宫之外更多的事情，单靠一个东厂是不够的，因此又设立了西厂，说起宪宗设西厂还要从成化十二年（1476年）京师内捕获一个"妖道"说起。

在1476年7月的一天，锦衣卫在京师内抓到一位"妖道"，这位"妖道"名叫李子龙，他通过宫内的太监进入内府，并且密谋刺杀皇帝。这个人被抓到后，宪宗便让大太监汪直在灰厂进行审讯。事后宪宗皇帝干脆就在灰厂那里设立了一个新的特务机关，即西厂，并由汪直都督厂事。

据说这个汪直的确有点能耐，他可以化装成任何人的样子，然后出现在大臣家里或者市井中，一旦听到有人说皇帝坏话或有诽谤朝廷之意的言语，就立马将其逮捕。在抓人的时候他可以不用请示皇上，因此自从西厂成立后，很多大臣都遭到了杀害，其中难免有些是被冤枉的。

后来，有位叫商辂的大臣实在看不下去西厂的一些作为，就向宪宗上书要求撤销西厂。宪宗接到商辂的奏疏，说："用一个宦官，哪里就至于这样呀？"但最终拗不过商辂的坚持，加上兵部尚书项忠也上书请求撤销西厂，因此，成化十三年（1477年）五月，西厂撤销，汪直回御马监办事。

不过，在同年的六月，商辂和项忠就先后被罢黜官职，西厂又恢复了。一直到后来1482年汪直失宠，西厂才被彻底撤销。

只娶一妻的皇帝——明孝宗朱祐樘

明孝宗朱祐樘是明朝的第九位皇
帝，宪宗的第三子，其生母是孝穆纪太
后。他在位期间勤于政事，励精图治，
一度使明朝出现中兴之势，但他却英年
早逝，去世时年仅三十六岁。他最被后
人熟知和称道的是一生只娶了一个老婆。

明孝宗朱祐樘画像

明孝宗为何一生只娶了一个老婆

翻开中国的历史可以看到，中国皇帝最大的一个特点就是老婆多，
其中像晋武帝、唐玄宗，后宫真算得上是"三千佳丽"，即便是光绪皇
帝这样的傀儡皇帝，也有一后二妃。现在我们所说的一夫一妻制似乎跟
皇帝没有关系，其实不然，中国历史上还真有皇帝一生只娶过一个妻
子，这个皇帝就是明孝宗朱祐樘，他唯一的妻子就是张皇后。那么身为
九五之尊的明孝宗为何只娶了一个妻子呢？

首先，明孝宗本人性格温和，又长期受到儒家思想的熏陶，对男女之
事没有特别浓厚的兴趣。其次，明孝宗自幼为了躲避万贵妃的迫害，长期
被秘养在安乐堂内，他对宫中妃嫔之间争风吃醋、钩心斗角的后宫之斗，

帝王秘史

可谓体会深切，有切肤之痛。在他登基后，为避免后宫再次上演这些"闹剧"，所以索性不再纳妾封妃。另外，张皇后本人博学多才，性格活泼，对孝宗有足够的吸引和约束力。此外，还有一个原因是大臣谢迁的劝谏。在弘治元年，也有大臣提出为孝宗选妃的提议，但谢迁进谏说："皇帝选妃之事，是理所当然。但如今先帝的陵墓尚未修建完善，皇帝正在为先皇守孝，选妃之事现在不宜实施吧。"孝宗一直以来以孝治天下，原本就定下为宪宗守孝三年的制度，再加上谢迁的劝谏，因此就没有提选妃之事。

就这样，明孝宗选妃之事再没有提及，直到驾崩，明孝宗也没有选纳其他妃嫔。

除了这些原因之外，似乎还有一个很重要的原因，就是孝宗皇帝是一个怕老婆的人。这么说有证据吗？其实通过孝宗对待张皇后的两个哥哥——张鹤龄、张延龄的事情上可略知一二。

张鹤龄、张延龄是张皇后的两个亲哥哥，妹妹成为母仪天下的皇后，这哥俩自然也"鸡犬升天"，不但跟随妹妹一起入宫，还很快成为孝宗身边的红人，他们出入皇宫就如同出入自己家一样。

据说有一次孝宗设宴款待这两位大舅哥，席间孝宗外出解手，为了方便就将龙袍放在桌上，张家兄弟看皇上走了，便胆大包天地将龙袍一人穿了一次，在场的太监何文鼎待宴席结束后，将此事告诉了孝宗，希望孝宗能够严惩这两人。

不过令人大为不解的是，二张没有得到严惩，何文鼎却被孝宗交给了锦衣卫，逼他说出幕后诬陷二张的人。

其实这是张皇后让孝宗皇帝这样做的，最后这件事闹得大臣们都知道了，大臣都替何文鼎求情，可是最终孝宗皇帝还是听了张皇后的话将何文鼎乱棍打死了。

通过这件事可以看出孝宗的确是很怕张皇后。这也很可能是孝宗一生只娶张皇后一人的原因。

不论出于什么原因，明孝宗能在当时只娶一妻很不容易。他也被后人称为"最完美"的皇帝。

牙刷真的是明孝宗发明的

明孝宗朱祐樘是明朝中期一位比较圣明的君主，在他的统治下明朝再度中兴并发展为盛世，也就是历史上说的"弘治中兴"。

朱祐樘在做皇子的时候，在程敏政、刘健等人的指点下，养成了"仁孝恭俭"的品格。即位之后，更是手不释卷，经常阅读《孝经》《尚书》《朱熹家礼》《大明律》等书。他还创作了《诗集》五卷，可惜的是这《诗集》五卷已经遗失。

除了在诗词方面有一定造诣外，相传我们今天用的牙刷还是明孝宗发明的。据说在明朝之前的南宋就已出现过牙刷，不过那种牙刷比起我们今天用的还相差甚远。在四川成都中药博物馆内就陈列着一把宋代竹柄牙刷。后来根据美国牙科医学会和美国牙科博物馆的资料显示，第一把接近现在的牙刷是明孝宗朱祐樘在 1498 年发明的，其制作方法是把短硬的猪鬃插进一支骨制手把上。2004 年，伦敦罗宾逊出版社出版的《发明大全》一书，列举了人类三白项伟大的发明，把牙刷的发明专利归到朱祐樘名下。

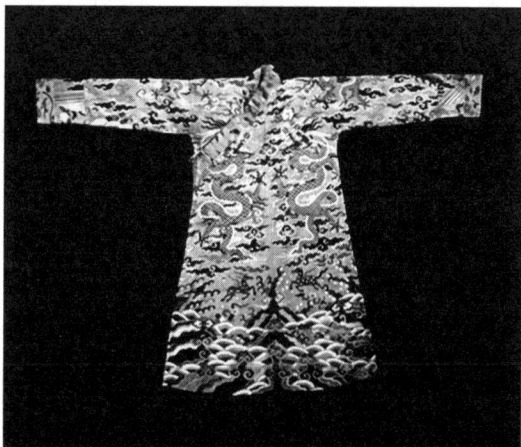

明朝龙袍图片

颁行"禁猪令"的皇帝
——明武宗朱厚照

明武宗朱厚照是明朝第十位皇帝，他是明朝中一位颇受争议的皇帝，史学家们对他褒贬不一，有人说他荒淫无道，一生贪杯、尚武、无赖，喜好玩乐。也有人说他处事果断，多次赈灾免赋，应州大捷大败鞑靼，也算得上是一位有真才实学的皇帝。

明武宗朱厚照画像

明朝皇宫内的"虎房""豹房"是用来做什么的

明朝时期曾经在北京城内建有很多"虎房""豹房"，根据史料记载"虎房""豹房"位于明皇城的西北角、太液池的西岸。这些"虎房""豹房"是何人所建？其用途又是什么呢？

下令在京城内修建"虎房""豹房"的人不是别人，正是明武宗朱厚照。起初他修建"虎房""豹房"，目的是将老虎、豹子等野兽关在里面供自己欣赏，而后来这些地方尤其是"豹房"演变成了武宗的享乐之地。

据史书记载，武宗每天都会征召很多乐工进入"豹房"为他演奏。不仅如此，在"豹房"内还住着他从全国各地搜罗来的美女，其中有很多是绝色女子。在众多女子中有个来自太原的"刘娘娘"深得武宗的喜爱。

武宗就这样每日在"豹房"内与女子享乐，完全不顾朝政，最终在正德十六年（1521年）死于"豹房"内，年仅三十岁。

探索"禁猪令"背后的隐情

根据《明武宗实录》和《万历野获编》记载，明武宗在正德十四年（1519年）巡游江南时颁行了"禁猪令"，即全国上下不得饲养猪，更不能吃猪肉，如有违反者统统发边充军。

这条法令颁布后，全国百姓一片哗然，但又不敢违反，因为发边充军是一条相当严厉的法令。根据《大明律》规定，"发边"就是将犯人流放到距离家乡两三千公里的地方去当兵，因为远离家乡，加上边疆战事频发，很多人都客死他乡。

慑于惩罚的威力，全国百姓统统将自己家养的猪杀掉，然后将猪肉埋进土里。其实类似于武宗的"禁猪令"在唐朝和宋朝时也有发生过。唐朝时皇帝都姓李，因为"李"和"鲤"同音，所以全国禁止吃鲤鱼；而宋朝宋徽宗时期，因为徽宗属狗，所以全国禁止杀狗。

可见类似于"禁猪令"的荒唐法令并非武宗首创。那么武宗是出于什么原因颁布了这条法令呢？

从表面上来看，因为明朝的皇帝都姓朱，"朱"与"猪"同音，再加上明武宗生于辛亥年，生肖属猪，所以他颁布了这条法令。其实远远不止这些原因，他之所以颁布这条荒唐的法令，很有可能与他当时所处

的危机环境和心理失衡有关。

明武宗在颁发"禁猪令"时，正处于土地兼并严重，民间武装起义不断之时。因为土地不断兼并，导致农民无地可种，进而爆发了大规模的反朝廷起义，再加上武宗一直没有子嗣，很多藩王借农民起义之势，也开始发动兵变。如正德五年（1510年）宁夏的安化王朱寘鐇就发动了叛乱，时隔九年也就是正德十四年（1519年），江西宁王朱宸濠再次发动兵变。

虽然这些叛乱都被武宗镇压，但在这种众叛亲离的情况下，武宗心理渐渐失衡，心理负担也日渐加重。在这种情况下他选择南巡游玩，来减轻压力。可不承想在南巡之时，看到有人在杀猪吃肉，这让他一时间感到很不舒服，就下了这么一个荒唐的"禁猪令"。

不敢住紫禁城的皇帝
——明世宗朱厚熜

明世宗朱厚熜是明朝的第十一位皇帝，他的身世比前几位皇帝要复杂得多。因为明武宗一直没有子嗣来继承皇位，明孝宗又只有武宗一个孩子，所以皇位的继承就只能从最近支的皇族中选出，这个人选就是明孝宗的弟弟，宪宗的次子兴王朱祐杬。但当时兴王朱祐杬也已去世，所以就由他唯一的儿子朱厚熜来继承皇位。简单地说，明世宗就是明宪宗的庶孙，明孝宗的侄子，明武宗的堂弟。

明世宗朱厚熜画像

明世宗廷杖两百多名大臣

明朝时期廷杖两百多名大臣的皇帝不是别人，正是明世宗朱厚熜。所谓的"廷杖"是什么意思呢？明世宗又因为何事对两百多名大臣进行廷杖呢？

今天我们在看明清时期的古装剧时，经常会听到某位大臣因犯了

死罪，而被拖到午门斩首的台词。实际上当时的紫禁城内从不斩人，午门外也并非杀人的刑场。在明朝时期，如果大臣触怒了皇帝，经常是被廷杖的。所谓的"廷杖"就是君主在朝廷上打臣子屁股。不要小看了这个惩罚，这对大臣来说也是一种极大的侮辱性惩罚，如果"廷杖"的杖数过多，也是会闹出人命的。"廷杖"的地点是在如今的午门和天安门之间。

在明世宗时期，朝廷中就发生了两百多名大臣被廷杖的事件，这件事又是因何而起的呢？

话说在明嘉靖三年（1524年），由于明世宗是由旁系皇族坐上的皇位，因此他一心想使自己变得更名正言顺一些，所以他打算把母亲的尊号"本生圣母章圣皇太后"中的"本生"二字去掉。

但是他的这一举动引起了上百位大臣的反对，众官不断地上书劝阻，他们甚至还集体跪拜在左顺门前哭谏。大臣们的这一举动，让朱厚熜感到很没有面子。皇帝很生气，后果很严重！他下令将劝阻他的大臣统统关入大牢，并且在关入大牢之前对他们进行廷杖。后来根据史料记载，被廷杖的大臣有两百多人，其中有十七人因施刑过重而死亡。

其实，明朝大规模的大臣被廷杖的事件不止明世宗时发生过，在明武宗时期也发生过类似的事情。据《明史》记载，明武宗要去南方巡游时，也就是颁布"禁猪令"前，有一百多名大臣认为武宗不该选择这个时候巡游，因为南方正处于战乱状态。但因为这次劝阻，他们也被武宗廷杖了。这些人在午门前被罚跪五天，后又杖责三十至五十杖，有的人甚至被活活打死。

明世宗为何后期不敢住在紫禁城内

紫禁城是帝王之家，也是明清时期彰显帝王雍容华贵之地，但是明

朝的第十一位皇帝明世宗朱厚熜从嘉靖二十一年（1542年）起，再也不敢住在紫禁城内的寝殿里。这一年到底发生了什么事，让贵为一国之主的皇帝有家不敢回？

说起朱厚熜有家不敢回的事儿，还要从他迷恋道教，一直寻求长生不老之法说起。朱厚熜是明朝比较信奉道教的皇帝之一，他好神仙之术，一心求长生不老。为此，他到处搜罗方士，将其召入宫中给他炼制长生不老药。因为皇帝迷恋丹药，无心处理朝中之事，所以在明世宗后期，掌握大权的不是皇帝，而是历史上有名的大奸臣严嵩。

一个国家由奸臣掌权，后果可想而知。整个朝廷上下被严嵩搞得乌烟瘴气，农民起义不断，倭寇和蒙古鞑靼又不断扰乱边境地区，使得社会矛盾日益加深。

就在整个明朝处于内忧外患之时，朱厚熜不知道从哪位得道之人那里听说未出阁姑娘的月经可以炼制长生不老之药。因此，朱厚熜便召集大批十二三四岁的宫女，让方士取她们的月经之血来炼制丹药。为了让宫女们保持"洁净"，朱厚熜下令不让她们吃饭、喝水，每天只能吃青菜、喝露水，这让宫女们苦不堪言。结果，在明嘉靖二十一年的十月二十一日深夜，一群宫女在首领杨金花的带领下，趁朱厚熜熟睡之际，用绳子勒住他的脖子，试图将其勒死。但是宫女们由于过于紧张，没能一下子将朱厚熜勒死，有害怕的宫女跑去通知了皇后，皇后赶来救下了朱厚熜，并借机在后宫进行了大清洗，而参与其中的宫女，包括去告密的都被凌迟处死了。这件宫女刺杀皇帝未遂的事件就是明朝史上著名的"壬寅宫变"。

自"壬寅宫变"后，明世宗朱厚熜因为惊吓过度再也不敢住在紫禁城内的寝殿里，而是搬到了皇城西苑的永寿宫里。

帝王秘史

明世宗为何会给猫写祭文

　　在历史上喜欢养宠物的皇帝很多，不过被皇帝饲养的宠物大都以飞禽猛兽居多，比如老鹰、老虎、豹子、大象之类，但唯独明世宗朱厚熜喜欢养猫，并且一养就是两只，其中一只毛色淡青，微微卷曲，双眉洁白胜雪，所以明世宗称它为"雪眉"。而另一只长得两眼圆睁，不怒自威，颈部的一圈长毛形如猛狮，有点像今天的松狮狗，所以被称为"狮猫"。更为有趣的是，明世宗在它们去世后还为它们打造纯金棺材，让大臣给它们写祭文。据说，一位叫袁神的学士因为给"狮猫"写的祭文很好，还被明世宗提升为少宰。那么明世宗为何会独爱猫咪，还给它们写祭文呢？

　　明世宗独爱猫咪也跟他一直追寻长生不死的愿望有关。因为传说中猫有九条命，所以明世宗认为猫是长寿的象征。为了迎合皇帝的心思，大臣们从民间为明世宗找来了这两只长相极为独特的猫。

　　自从得到这两只猫后，明世宗龙颜大悦。他对这两只猫的宠爱甚至引起妃子们的嫉妒。他不仅每日同这两只猫嬉戏，还同吃同住，并给予它们至高无上的荣誉。根据明史记载，明世宗还以帝王身份举行了加封"雪眉"为"虬龙"的仪式。可惜猫的寿命是有限的，"虬龙"死后，明世宗十分伤心，以至于几天不吃不喝，后来还将猫葬在万岁山上，并为其立碑写祭文。后来，"狮猫"也死掉了。

　　明世宗为猫写祭文的事情可谓贻笑大方。在这样一位荒唐皇帝的领导下，明朝的国运也每况愈下。

亲王变皇帝——明穆宗朱载坖

明穆宗朱载坖是明朝的第十二位皇帝，明穆宗比他的父亲明世宗要有作为得多。

明穆宗在还没有成为皇帝时，就接触到了社会生活的各个方面，他了解到王朝的各种矛盾和危机，特别是严嵩专政、朝纲颓废、官吏腐败、"南倭北虏"之患、民不聊生之苦，内忧外患使他更加关心朝局。对此，朱载坖在登基之后，在高拱、陈以勤、张

明穆宗朱载坖画像

居正等大臣的辅佐下，实施了一系列革弊施新的政策，使朝政为之一振，史称"隆庆新政"。

恐怖的"二龙不相见"魔咒

穆宗在当皇帝之前没有当过一天皇太子，一直是亲王的身份。在封建时期如果不是上一代皇帝没有子嗣，要从皇室宗亲里挑一位来继承皇帝之位的话，成为皇帝的步骤一定是先是做皇太子再当皇帝。可是明穆宗身为明世宗的子嗣却没有按步骤来，这到底是为什么？这件事要从明

世宗时期"二龙不相见"的魔咒说起。

明世宗朱厚熜其实是有很多子嗣的，其中长子朱载基刚刚出生不到两个月，就不幸夭折了。孩子的夭折让朱厚熜痛心疾首，而就在这时，他的御用"仙道"陶仲文告诉朱厚熜：皇子的去世是因为父子相克，你不能随意地接近皇子，那样会让他们的阳寿减少。因此在紫禁城内开始流传"二龙不相见"的魔咒，只要朱厚熜和自己的孩子相见，孩子必定会死。

在朱载基夭折两年后，又有朱载壑、朱载垕、朱载圳相继出生，但"二龙不相见"的魔咒却被朱厚熜牢记在心，因此这些皇子出生后就很少见到他们的父皇，并且朱厚熜也不封任何皇子为太子。

可是，按照祖宗遗训，皇帝在有了子嗣后一定要提前确定哪位皇子做皇太子，将来继承皇位，以免老皇帝去世，新皇帝未立，兄弟们因皇位而大打出手。但是朱厚熜因为"二龙不相见"的魔咒迟迟不封皇太子，这让他的母后实在看不下，就找朱厚熜商谈此事，一来让他赶紧立皇太子，二来多和孩子交流，教他们如何为君治国。

无巧不成书，就在朱厚熜勉强答应母后的要求后，他接见了儿子朱载壑，可惜的是此次父子见面之后，朱载壑就一病不起。明世宗从此严格遵守"二龙不相见"，对剩下的两个儿子朱载垕、朱载圳从此再也没有见过，也不封他们为皇太子，而是封为裕王和景王。

直到 1567 年朱厚熜驾崩，为了延续大明江山的香火，朱载垕才以裕王而并非皇太子的身份继承皇位，至此"二龙不相见"的魔咒也画上了句号。

明穆宗真之死

当了皇帝的朱载垕即位之初，明穆宗展现出了不凡的治国才能。他纠正了嘉靖时期的弊政，重用贤臣如高拱、张居正，整顿吏治，减轻赋税，开放海禁，试图为大明王朝注入新的生机。

然而，这位年轻的皇帝也有他的另一面。长期压抑的生活使他对享乐有着难以抑制的渴望。他宠爱妃嫔，纵情声色，广修宫苑，犬马歌舞，甚至服用药物来助兴。这种过度的放纵逐渐侵蚀了他的身体。

隆庆六年（1572 年）三月，明穆宗的身体每况愈下，连续两个月无法上朝。五月，他又强撑着上朝视事，却突然头晕目眩，回宫后便一病不起。自知病情严重的他，急召高拱、张居正及高仪三人接受顾命，将年幼的太子托付给他们，希望他们能辅佐太子，延续明朝的江山。

不久之后，明穆宗在乾清宫咽下了最后一口气。他的去世，给明朝带来了巨大的冲击。朝野上下悲痛不已，人们为这位年轻有为的皇帝感到惋惜。

明穆宗的死因众说纷纭，但不可否认的是，他的放纵加速了他的死亡。他试图在短暂的人生中弥补过去的缺失，却最终付出了生命的代价。

帝王秘史

传奇皇帝——明神宗朱翊钧

明神宗朱翊钧是明朝第十三位皇帝，也就是明史上在位时间最长，最被后人熟知的皇帝——万历皇帝。

在西方，十三一直被视为不吉利的数字，而明朝这第十三位皇帝也没逃过这个厄运。后来史学界一直流传着明朝亡于万历的说法，其实这是对明神宗的一种曲解，他在位前期还是很有作为的，他在首辅大臣张居正的辅佐下，开创了明朝中叶的黄金时期。

明神宗朱翊钧画像

不过后来他也创造了明史上二十八年不上朝的历史。由于皇帝不上朝，朝政自然被一些用心叵测之人把持，这样的大明王朝逐渐走上衰亡之路。

万历皇帝为何二十八年不上朝

明神宗朱翊钧是明朝历史上的一位传奇皇帝，在他的统治下明朝延长了寿命，但又是因为他，明朝渐渐地由兴盛转为衰落。明朝衰落的直接原因是他执政后期有二十八年不上朝。究竟是什么原因让这位前期勤于朝政的好皇帝放弃上朝呢？

其实在明朝晚期有一位名叫夏允彝的名士就曾给出过答案，原因是神宗贪恋酒色而导致身体欠佳，所以不能上朝。根据史书记载，神宗确实身体欠佳。在他二十四岁那年就曾传谕内阁，说"一时头昏眼黑，力乏不兴"，朝中的事情就交由首辅大臣张居正来处理。

还有一个可能，就是张四维和申时行两人专权，不让神宗上朝。此事要从张居正死后说起。张居正去世后，首辅大臣的位置由张四维和申时行两人接替。这二位目睹了张居正生前的尊荣和死后的屈辱，所以谨言慎行，战战兢兢地扶持皇帝，不敢轻易谏言。两人办事十分圆滑，还开创了史无前例的"章奏留中"和"经筵讲义的进呈"两项制度。所谓的"章奏留中"是指皇帝对大臣们送上来的奏疏不予理睬，放在宫中，既不批示，也不发还。而"经筵讲义的进呈"，就是皇帝不需要参加经筵（汉唐以来帝王为讲经论史而特设的御前供席），经筵讲官们只需要把他们的讲义送到宫中就可以了。

这两项制度让皇帝可以名正言顺地不来上朝。因此，很多史学家认为这二位首辅大臣是导致明朝走向衰落的根源。

除了这两个原因外，其实跟当时朝廷上的风气也有关系。明朝算是中国历代言论比较自由的一个朝代。当时不管朝廷中还是社会上都存在一种极为特殊的人，这些人被称为"言官"，就是不论大臣还是皇帝，不管他们做什么事情，这些人都可以肆意点评。这些言官们名义上是给皇帝上书谏言，事实上有很多人都是借题发挥，立论唯恐不偏激，言论唯恐不夸张，往往凭借捕风捉影、小道消息极尽耸人听闻之能事。比如当时的大理寺左评事雒于仁就上了一道《酒色财气四箴疏》的奏折，这份奏折几乎就是指着万历皇帝的鼻子破口大骂，把万历皇帝描绘成一个好色、贪婪、残暴、昏庸、无能、懒惰……总而言之，是五毒俱全的、一无是处的皇帝。年轻的神宗哪能经得起如此谩骂，于是来了个一不做二不休，不上朝了，你们骂去吧！当然，这种情况也只是原因之一。

综合以上几个原因，神宗创造了二十八年不上朝的纪录。

帝王秘史

明末三大案之"梃击案"

明朝后期，出现了历史上有名的三大案，即"梃击案""红丸案""移宫案"。而这三起悬案的前两案都与神宗的爱妃郑贵妃有关。这位郑贵妃是何许人也？其中发生在神宗年间的"梃击案"又与她有何关系？

这位郑贵妃是一位地地道道的老北京人，她出生于今天北京的大兴区，在万历初年就进入宫中，凭借倾国倾城之姿和能歌善舞之艺很快得到了神宗的宠爱，后来被封为妃子，再后来又为神宗生了皇子朱常洵，进而封为贵妃。但是这并没有满足这位郑氏的欲望，她想让自己的孩子将来接替神宗的位置当皇帝。

可是根据"有嫡立嫡，无嫡立长"的祖训，这皇太子之位，怎么也轮不到郑氏所生的朱常洵头上。不过，因为郑贵妃得到了神宗的万般宠爱，所以她在神宗面说话相当有分量，再加上嫡长子朱常洛出身不好，所以神宗就有了废长立幼的想法。

这位嫡长子朱常洛为何会出身不好呢？原来，朱常洛的母亲原本是皇太后身边的一位宫女，一天早上神宗去给母后请安时，皇太后不在，这位宫女被神宗看上，结果一时兴起有了男女之事。后来，这位宫女就为神宗生下了一子，即朱常洛。

说起来这也是一件好事，毕竟神宗有了传宗接代之人。不过神宗却怎么也高兴不起来，一来他没有想到自己的一时冲动会造成这样的结果，二来是他的母亲一直想要抱皇孙，这位宫女在这种情况下出现，是否是一场蓄谋已久的"阴谋"呢？鉴于这两点，神宗很不喜欢这位长子，再加上后来朱常洵的出生，更让他动了废长立幼的心思。

可是，废长立幼毕竟是一件大事。当时宫中有了这样的传闻后，大

臣们十分反对神宗的做法，不断上书劝谏神宗。这让郑贵妃很不高兴，她想如果除掉太子朱常洛，那么她的儿子就会名正言顺地成为太子，将来也会成为皇帝，于是，她策划了"梃击案"。

此案发生在万历四十三年（1615年），一名姓张的男子，手持木棍进入太子寝宫慈庆宫行凶，将守门的宦官打伤，还好惊动了当时执勤的卫兵，才没有进一步酿成惨剧。这名姓张的被捕，之后被刑部审问。在审问的过程中，他交代了这件事是受郑贵妃手下的太监所指使。因为神宗十分宠爱郑贵妃，就没有进一步调查。除了这名姓张的人被斩首外，此案最后也就不了了之了。

这就是明末三大悬案之一的"梃击案"。不过郑贵妃想要立自己儿子为太子的梦想也没有实现。

"一月天子"——明光宗朱常洛

明光宗朱常洛是明朝的第十四位皇帝，他是明神宗的长子，不过他成为皇帝的过程充满了艰辛，称帝后在位时间也仅仅只有一个月，因此又被称为"一月天子"。他在位时间如此之短，与明末三大悬案中的"红丸案"有着千丝万缕的关系。不过他在位期间还是进行了一系列革除弊政的改革措施，罢除了万历朝的矿税，拨

明光宗朱常洛画像

乱反正，重整纲纪。不过这些改革措施，并没有阻止大明王朝一步步走向深渊。

明末三大案之"红丸案"

如果说明神宗朱翊钧的宠妃郑贵妃是明末三大案的策划者的话，那么朱常洛则是这三起悬案的受害者，因为这三起案件都是围绕他展开的。

当年为了争夺皇太子之位，郑贵妃导演了一场谋杀朱常洛的"梃击案"。可惜谋杀未遂，郑贵妃想让自己孩子当皇太子的梦想也随之破灭。

神宗驾崩后皇长子朱常洛顺利地成为新一代皇帝。

朱常洛即位后，郑贵妃非常担心他会对自己进行报复，于是她采取了两个措施，其一是和朱常洛宠幸的李选侍套近乎，她向朱常洛建议将李选侍封为皇后，而李选侍也投桃报李地向皇帝提议将郑贵妃封为皇太后。

除了这个措施外，郑贵妃还抓住朱常洛好色的本性，向他进献了很多美女，以取悦他。朱常洛倒是毫不客气，对这些美女来者不拒。郑贵妃到底向朱常洛进献了多少美女？根据《明史》记载有八名，但《明史纪事本末》中却说有四名。但不论如何通过这两个办法郑贵妃算是稳住了朱常洛。

正是郑贵妃向朱常洛进献的这些美女，直接导致"红丸案"的发生。朱常洛自从得到了这些美女后，自然是夜夜享乐。原本身体就不好的他，由于纵欲过度，每天繁重的朝政让他显得更加疲惫。

可是，朱常洛并没有节制，照样和这些美女夜夜鬼混在一起，最终病倒了。其实这本没有什么，只要吃几副补药，静心休养一段时间便无大碍。可是掌管御药房的太监崔文升在给皇帝开药的时候，开了一副泻药。朱常洛在吃完泻药的当晚腹泻了三四十次，原本就病重的身体，加上这一折腾，朱常洛的病情更严重了。

就在这时，鸿胪寺丞李可灼向朱常洛进献了两颗红丸，说这两颗红丸可以马上让朱常洛的病好起来。当朱常洛服用完第一颗红丸后，身体状况的确有所好转，服用完第二颗时，朱常洛便昏昏睡去，于第二天驾崩。

这就是明史上的"红丸案"。此案直接导致朱常洛的去世，因为他从登基称帝到驾崩之间仅有一个月，所以朱常洛又被称为"一月天子"。

郑贵妃画像

帝王秘史

"红丸案"看似结束了，其实其中隐藏了很多的疑点。首先郑贵妃向朱常洛进献美女，是不是除了拉拢关系外还另有目的？其次，据野史记载，那位给朱常洛服用泻药的太监崔文升和鸿胪寺丞李可灼都是郑贵妃的亲信，那么这样一来，"红丸案"就变得更加令人难以琢磨。

不过，这些都是野史记载和后人推断，并没有什么真凭实据，"红丸案"也成为一桩千古悬案。

明末三大案之"移宫案"

"红丸案"让只当了一个月皇帝的朱常洛见祖宗去了，但宫廷内的争斗并没有因为他的去世而停止。

当年朱常洛历尽艰辛当上皇帝后，就将他的爱妃李选侍和长子朱由校迁往乾清宫内居住。朱常洛去世后，李选侍很快就和太监魏忠贤控制住了朱由校，试图借此控制朝廷，进行垂帘听政。如果李选侍这次宫变成功的话，那么历史上又会多一个垂帘听政的"慈禧"。

不过李选侍的计划最后失败了，但这也引出了明末三大悬案的最后一案——"移宫案"。

当时李选侍、魏忠贤等人将朱由校秘密挟持，不让他接见大臣。但是此举遭到了以杨涟、刘一燝为首的朝臣的强烈反对。在李选侍等人控制住朱由校的当天，他们直奔乾清宫门外，以死相逼要求见到皇太子朱由校。

李选侍、魏忠贤等人发现如果再不让这些大臣们见到朱由校的话，很有可能最后闹得两败俱伤，谁也讨不到一点便宜。在权衡利弊后，李选侍答应杨涟、刘一燝等人见朱由校。

朝臣们见到朱由校后，马上全部跪倒在地高呼"万岁"，并迅速将朱由校由乾清宫带到文华殿，决定当月六日就举行登基大典。为了保

证朱由校的安全，他
们还特意将自己的
寝室搬到文华殿周围
的房间内，并由太监
王安日夜陪在朱由校
身边。

这时的李选侍眼
看自己"垂帘听政"
的计划破灭了，又向

乾清宫

大臣们提出，凡是给皇帝上奏的折子，都必须先交给她审阅，再拿给皇
上。李选侍这个要求一提出，再次激发了大臣们对她的敌意，不仅拒绝
了她的要求，还让她马上搬出乾清宫。

当然大臣们的要求也遭到了李选侍的强烈反对，一直到朱由校登基
良日马上就要到来之时，李选侍依旧住在乾清宫。迫于无奈，大臣们和
太监王安等人，每天都站在乾清宫门外，督促李选侍赶紧移宫。李选侍
在百般无奈之下，才抱着八公主，离开了乾清宫搬到了仁寿宫内的哕鸾
宫。这样，朱由校才顺利地登基称帝。

李选侍虽已"移宫"，但斗争并未结束。"移宫"数日后，哕鸾宫
失火，经奋力抢救，李选侍母女被救出。反对移宫的官员散布谣言：选
侍投缳，其女投井，并说"皇八妹入井谁怜，未亡人雉经莫诉"，指责
朱由校违背孝悌之道。朱由校在杨涟等人的支持下批驳了这些谣传，指
出"朕令停选侍封号，以慰圣母在天之灵；厚养选侍及皇八妹，以遵皇
考之意。尔诸臣可以仰体朕心矣"。至此，"移宫案"风波才算结束。

这就是明史上著名的"移宫案"。其中有很多疑点，也不乏相互矛
盾的地方。但通过这三起悬案，可以看出此时的明朝已经犹如一位病入
膏肓的老人，灭亡已经成为迟早之事。而刚刚即位的朱由校也就是明熹
宗，是否能够力挽狂澜，拯救摇摇欲坠的大明江山呢？

帝王秘史

"木匠皇帝"——明熹宗朱由校

明熹宗朱由校是明朝第十五位皇帝，他是明光宗的长子，经历"移宫案"后当上了皇帝。作为皇帝的朱由校，面对已经摇摇欲坠的大明江山，他选择了逃避。因为他自幼就没有得到光宗的喜爱，因此也没有得到来自父亲的教导，文化水平都不高，更别说如何为君了。

不过，他却有一个很大的亮点，就是他是一位极具天赋的工匠，尤其是在木工方面，可谓"鲁班再世"。

明熹宗朱由校画像

虽然在执政前期，他也算有作为，如任用杨涟、左光斗等贤臣，为张居正平反等。不过后来因为大太监魏忠贤和客氏的专权，让原本就志不在治国的朱由校荒于朝政，每天沉浸在制作木制品上。

朱由校为何会对制造木器感兴趣

诗云："天生我材必有用。"每个人来到这个世界上定有他的用处，普通人尚且如此，身为帝王的明熹宗朱由校亦是如此。如果朱由校不是天子，那么他一定是一位能够被载入史册的木匠，因为他在木工上非常

有造诣，甚至可以说是"鲁班再世"。

那么，朱由校在木工上的造诣达到了什么水平呢？根据史料记载，在明朝天启年间，朝廷中出现了床，但是这种床比较笨重，搬动起来比较费劲。这时朱由校就匠心独运，将这种笨重的大床，改造成为一种可折叠的床。不但便携，床架上还雕镂了精致的花纹，兼具实用性和美观性，一时间令众多木匠叹为观止。

除此之外，朱由校还会雕刻木制人偶。他将只能用来生火的木头，雕刻成一个个栩栩如生的人偶。这些木制人偶，不仅可用来装饰，还可以作为当时宫中流行的傀儡戏道具。

据说，朱由校为了检验自己的手艺，还经常将这些雕刻的木制小东西拿到集市上去卖，结果销量甚好，朱由校就极为开心。

由此可见，朱由校的木工的确了得，可惜作为皇帝的他需要擅长的是治国，而不是研究木制品。那么是什么原因造成了他只爱木工活而不爱当皇帝的呢？

其实想要探究一个人奇怪的举动，去看他童年发生的事，就大概会找到答案。

朱由校年幼的时候，正是明朝宫廷内部最为混乱的一段时间。朱由校的生母是王氏，初为东宫选侍，1605 年被光宗封为才人。可惜好景不长，光宗后来十分宠爱李选侍，因为后宫争斗，李选侍将王才人残害致死。而李选侍就成为朱由校的继母，通过前面所说的"移宫案"可以看出，这位李选侍是一直想自己掌权的，所以这位继母如何对待年幼的朱由校可想而知。

除此之外，与朱由校的父亲朱常洛去世得很早也有关系。因为父亲的早逝，他没有从父亲那里学到治国为君之道，更别说像前几位皇帝那样在做皇太子时接受严格的教育了。

没有快乐的童年，加上缺乏良好的教育，造成了朱由校"逃避"的心态。因此在掌权之后，他便开始逃避治国的责任，再加上他天生对做木工有兴趣，所以养成了不爱当皇帝只爱做木匠的性格。

帝王秘史

朱由校到底是怎么死的

明熹宗朱由校的死和他的父亲朱常洛的死一样成了谜。根据史料记载，天启七年（1627年）八月的一天，朱由校在魏忠贤和乳母客氏的陪同下在宫中西苑内乘船游湖，在他乘坐的船行驶到湖水深处的时候，朱由校不慎落水，幸得船上的魏忠贤和客氏的搭救才没有命丧湖底。

可是，自从落水事件后，朱由校的身体每况愈下。为了给皇帝治病，一位名叫霍维华的尚书给朱由校进献了一粒"仙丹"，名曰灵露饮。据说这粒"仙丹"不仅包治百病，还能够强身健体，延年益寿。朱由校得到此药，听说其功能后喜不胜收，赶紧服用了这粒"仙丹"。但服用后，朱由校的病不但没有好转，反而出现了水肿，不久便去世了。

明熹宗就这样不明不白地死了，但他的死因却成了疑案。与魏忠贤、客氏乘船游湖不慎落水，是否是魏忠贤等人早有预谋？后来的进献丹药是否是阴谋的进一步实施？史学界对此一直争论不休，最终也没有给出确切的答案。

但是，可以肯定的是他的死和其父亲朱常洛的死一样都是因为服用了"仙丹"。不过这些已经不重要了，因为此时大明王朝的国运已经要走到尽头了，作为皇帝的朱由校没能肩负起历史赋予他的使命，而是沉浸在艺术的殿堂里，致使政权落入宦官魏忠贤之手，朝廷上众多良臣惨遭迫害，朝廷外位于东北地区的女真族也日趋强大，对中原地区虎视眈眈。

张皇后失踪之谜

说起明朝的悬案、疑案，除了明末三大悬案外，还有两起失踪案。第一起是明朝第二位皇帝建文帝朱允炆失踪案。经过"靖难之役"后的朱允炆到底去了哪里至今是个谜。史学家和历史爱好者都对此做了很多的猜想，有的说他死于战乱之中，也有的说他并没有死，而是逃到了别的地方，甚至有人说朱棣当年派郑和下西洋就是为了寻找朱允炆的下落。不过，最后也没有一个定论。

除了这起失踪案外，明史上还有一起著名的失踪案，即明熹宗朱由校的妻子张皇后失踪案。那么这位张皇后是何许人也？她到底去哪儿了？

这位张皇后原本是当时河南祥符县张国纪的女儿，其人长得丰姿绰约，美色天成，所以入宫后很快受到朱由校的宠爱，并被封为皇后。但是朱由校不喜欢当皇帝，只爱琢磨手工，大权被魏忠贤和客氏掌握，把朝廷搞得乌烟瘴气。深明大义的张皇后力劝朱由校好好治国，不要让魏忠贤和客氏等人胡作非为。这让魏忠贤和客氏将她视为眼中钉、肉中刺，发誓要将其除掉。由于朱由校对张皇后甚是喜欢，没有让客氏他们得手。

后来，因为朱由校落水之后服用"仙丹"导致病情加重，再加上朱由校没有子嗣，在这紧要时刻，为了防止魏忠贤等人篡权，张皇后向朱由校提议让他同父异母的兄弟朱由检来继承皇位。朱由校也接受了张皇后的建议，大明江

张皇后画像

山才没有落入他人之手。

后来，朱由检登基并成为明朝最后一位皇帝。此后，朱由检将这位皇嫂封为懿安皇后，并尊养于宫中。

在支撑了几年后，大明王朝还是走向了灭亡。就在李自成率军攻入北京城后，朱由检杀死其妻子后自己上吊而死，但是史书上并没有交代这位张皇后去哪儿了，以至于后人对这位贤良淑德的张皇后的去向产生了各种猜测和分析。这位张皇后到底去哪儿了呢？

根据《甲申纪事》一书记载，这位张皇后在李自成攻破北京后，无路可逃，最终投降了李自成。并且，书中还解释为什么前朝的皇后会被李自成收留。书中说因为张皇后屡次力劝昏庸的熹宗，保全了被魏忠贤迫害的大臣，在民间很有威望，在农民起义军中的声望也很高，李自成还称其为后宫贤主，因此他接受了张皇后的投降。

但是这种观点很快遭到了质疑，《甲申纪事》的作者赵士锦虽然是明末清初之人，也经历了那段历史，不过他自己作为明朝的降臣，被李自成俘虏后关押到了大牢，所以他所说的张皇后投降一事，也并非他亲眼所见。再加上张皇后为人相当忠贞，所以她不可能向李自成投降。

除了投降之说，还有一种说法是张皇后被李自成的起义军杀害了。其依据是王源所著的《居业堂文集》。其文中记载："河南尉氏人王大本为义军将领，攻克北京后王与其他四人共同俘获了懿安皇后，有人对皇后不逊，王大本大怒，这是一代皇后，怎能胡来？当即抽刀将皇后杀死，使其虽死却未受辱。"

由此可见，李自成的起义军杀张皇后也是为了保护她的名声。

除了投降和被杀之说外，还有一种说法认为张皇后既没有投降，也没有被杀，而是乔装逃出了北京城。这种说法在《明史纪事本末》《明季北略》和《国榷》等书中都能找到依据：当时李自成攻入北京后，崇祯帝劝皇嫂自尽，可是张皇后最后并没有自尽，而是趁宫内大乱之际，乔装逃出了北京，之后的去向就不得而知了。

那么到底张皇后是生是死，我们不敢妄下结论。不过也可大胆揣测一下，以张皇后的忠贞性格，她多半是同崇祯帝一样选择了自杀，并且这种揣测也是正史中的说法。《明史》和《清史稿》两书中都认为张皇后是在城破之际自缢身亡，并且记载了清军入城之后，将其合葬于熹宗德陵的经过。

帝王秘史

自缢的皇帝——明思宗朱由检

明思宗朱由检是明朝第十六位皇帝，也是明朝历史上最后一位皇帝，还是中国封建史上最后一位汉族皇帝。他是朱由校同父异母的弟弟，即明光宗朱常洛第五子。

他在位期间励精图治，先是铲除魏忠贤势力，后鼓励发展生产，提高百姓收入。可惜这时候的大明王朝已经病入膏肓，朝廷内部经历光宗、熹宗两朝长时间的荒废，国库空虚，很多机构无法正常运转，西北农民起义不断，东北的后金政权不断侵犯。

明思宗朱由检画像

在这种内忧外患的情况下，1644年，李自成率领的起义军攻破北京城后，明思宗朱由检选择在煤山（今天的景山）自缢。自此，存在二百七十六年的明朝彻底覆灭了。

朱由检是如何除掉魏忠贤的

明熹宗朱由校的突然去世，让整个大明王朝一时间陷入恐慌之中。因为朱由校没有子嗣，因此也就没有人继承他的皇位，这给魏忠贤等人篡权提供了很好的机会。还好在这千钧一发之际，张皇后稳住了局势，提出由熹宗同父异母的弟弟朱由检来继承皇位。

最终，朱由检成为明朝新任的皇帝。不过他即位后日子极其不好过，因为当时整个朝廷被魏忠贤及其党羽牢牢掌握在手中。那么明思宗朱由检是如何除掉当时不可一世的魏忠贤的？

朱由检刚刚当皇帝时的日子并不好过，这时整个朝廷到处都是魏忠贤的眼线，为了提防魏忠贤的加害，他每天过得很谨慎。他先是重新更换了自己身边的贴身侍卫和宫女、太监等人，并且牢记皇嫂张皇后对他的嘱咐，从来不吃魏忠贤等人送给他的饭菜。

而这时的魏忠贤对朱由检也是有几分忌惮的。毕竟朱由检不是朱由校，魏忠贤担心自己的荣华富贵和地位会被朱由检破坏，因此，他选择对朱由检下手。

魏忠贤一心想让朱由检变成一位荒淫的皇帝，于是他向朱由检进献了四位国色天香的美女。朱由检为了避免不必要的正面冲突，他将这四位美女收下了，因为朱由检知道现在还不是除掉魏忠贤的最佳时机。美女虽然收下了，但他让贴身太监对这四位美女搜身，结果发现在这四位美女的裙带顶端都系着一颗细小的药丸，而这种小药丸，实际上是一种能够自然挥发让人闻后产生冲动的"迷魂香"。

几日之后，魏忠贤发现这招并未奏效，于是他又施一计。他让一个小太监潜伏在朱由检的寝宫外，手持"迷魂香"，使室中自然氤氲着一股奇异的幽香，以达到迷惑的效果。这一招，同样被朱由检识破。朱由检对此大发感叹："皇考、皇兄皆为此误矣！"

魏忠贤通过这两次阴谋的失败发现想让朱由检变成一位荒淫的皇帝几乎不可能了，他便展开了更为露骨的攻势。当时魏忠贤的党羽打算在北京城内给魏忠贤修建祠堂，魏

魏忠贤画像

忠贤借此机会，向朱由检上书说，自己虽然很有地位，但还没有到修建祠堂供后人膜拜的地步，希望皇帝能够阻止那些人的做法。

其实魏忠贤心里有自己的小算盘，他以为朱由检会拒绝按他的要求去做，可是没想到朱由检来个顺水推舟，下令停止修建魏忠贤祠堂。对此，魏忠贤极为恼火。

就在朱由检和魏忠贤"打太极"的时候，朝廷中涌现出了一批"反魏"的大臣。他们向朱由检上书，并陈列了"十宗罪"：并帝（和皇帝并列），蔑后（蔑视皇后），弄兵（发动武装起事），无二祖列宗（目无二祖列宗），克削藩封（限制各藩国利益），无圣（目无圣人），滥爵（滥赐官爵），掩边功（隐匿边境战功），伤民财（搜刮百姓），通关节（实行贿赂请托）。

在这种情况下，朱由检意识到是除掉魏忠贤的时候了。于是，择日将魏忠贤叫入宫内，在早朝之上当着魏忠贤的面宣读了他的众多罪行，并下旨革其所有官职，朱由检的这一举动得到了大臣的一致支持。

于是魏忠贤被革职了，并被赶出了紫禁城。不过就在魏忠贤离开紫禁城时，还带着卫兵一千人、大车四十余辆。这让朱由检感到很不舒服，一位被革职的太监竟然还如此嚣张，于是下令将其缉拿回京。

不可一世的大太监魏忠贤走到了生命的尽头。除掉了魏忠贤后，新任皇帝朱由检再也不用战战兢兢地生活了。

朱由检为何要杀死自己的妻儿

明思宗朱由检杀死自己的妻儿是在一个特定环境下发生的，那是在1644年李自成攻入北京城后。

朱由检在位期间励精图治，一直想扭转明朝的颓势，可惜内忧外患让整个明朝已经回天乏力。李自成杀入北京后，眼看明朝就要灭亡，当晚朱由检与贴身太监王承恩登上煤山（也称万岁山，今北京景山），眺望着城外和彰义门一带的连天烽火，只是哀声长叹，徘徊无语，回宫后写下诏书，命成国公朱纯臣统领诸军，辅助太子朱慈烺。又命周皇后、袁贵妃和三个儿子入宫，简单叮嘱了儿子们几句，命太监将他们分别送往外戚家避藏。他又哭着对周皇后说："你是皇后，理应殉国。"周皇后也哭着说："妾跟从你十八年，陛下没有听过臣妾一句话，以致有今日。现在陛下命妾死，妾怎么敢不死？"说完解带自缢而亡。

朱由检转身对袁贵妃说："你也随皇后去吧！"袁贵妃哭着拜别，也自缢。朱由检又召来十五岁的长平公主，流着泪说："你为什么要降生到帝王家来啊！"说完左袖遮脸，右手拔出刀来砍中了她的左臂，接着又砍伤她的右肩。长平公主昏死了过去。

朱由检又砍死了妃嫔数人，并命令左右去催懿安张皇后自尽。十九日凌晨，李自成起义军从彰义门杀入北京城，朱由检咬破手指写了一道给李自成的血书，说自己之所以有今天，都是被臣下所误，死了也无脸到地下见祖宗，只有取下皇冠，披发遮面，任你们分割尸身，只是不要去伤害百姓。

他将血书藏入衣襟，登上煤山，自缢于寿皇亭，终年三十五岁，在位十七年。王承恩也在对面树上吊死。至此，明朝灭亡。李自成进城后，将他的尸体抬到东华门，葬在昌平。当地平民又将他和皇后合葬。清军入关后，将他移葬于十三陵思陵，谥号为怀宗，后改谥号为庄烈帝。南明政权追谥他为思宗烈皇帝，后又改谥号为毅宗，史又称崇祯皇帝。

统治了中国二百七十六年的明朝随着朱由检的自缢画上了句号。然而紫禁城并没有因为明朝的灭亡而发生改变，因为它很快迎来了新的朝代——清朝，中国历史也就此翻开了崭新的一页。

清朝的奠基者——清太祖努尔哈赤

一个王朝灭亡，必定有一个新的王朝诞生，因为历史的车轮从未停止过转动。

明朝随着崇祯帝的死覆灭了，紫禁城也随着更换了主人。首先来到紫禁城的是李自成和他建立的大顺王朝，不过那只是昙花一现。清军入关后，爱新觉罗氏最终成为紫禁城的新主人。清朝在紫禁城内的第一个皇帝

清太祖努尔哈赤画像

是顺治帝，但在讲顺治帝之前，我们不能忘记努尔哈赤和皇太极，因为他们为顺治进入紫禁城做了很多前期工作，尤其是努尔哈赤。

努尔哈赤是清朝的奠基者，他统一了女真各部落，并建立后金（后来的清朝），因此也可以说他是清朝第一帝。他在有生之年并没有入主北京城，不过清朝建立后，被尊为清太祖。

努尔哈赤是野猪皮的意思吗

努尔哈赤这个名字在满语中的确是野猪皮的意思，当时女真族使用蒙古语，而蒙古语又是从回鹘语演变而来的，所以说满语中很多字在回

鹘语中都能找到。

"努尔哈赤"中的前两个字"努尔"在回鹘语中的意思是"光明"，后两个字"哈赤"则是"圣裔"的意思，也有"太子""世子"的意思。因此，努尔哈赤这个四个字还有"光明的圣裔"的意思。

后来，随着女真族的不断发展，其使用的语言也不断呈现出自己的特色："nuhe"后来在满语中被翻译为"小野猪"，但是在满语里"n"是名词原形后缀，"ci"是名词派生性后缀，把小野猪"nuhen"的"n"去掉换成"ci"就变成"野猪皮"了。

其实努尔哈赤这个名字在满语中被译为"野猪皮"并不是对他的一种侮辱，相反是对他的一种期望。因为当时在东北地区，人们认为野猪是勇猛的象征。当初努尔哈赤的父母在给他取这个名字的时候希望他能够像野猪那样强壮、勇猛。

民间还流传着一个有关努尔哈赤名字由来的故事。据说当年努尔哈赤的母亲在怀孕时曾经做了一个奇怪的梦，她梦见一位老者将一个用野猪皮包裹着的婴儿送给了她，结果第二天她就生下了一个男婴。其父亲塔卡士听完妻子讲的这个故事后，决定给这个男婴起名为努尔哈赤。

努尔哈赤为何要杀死长子褚英

身为大清朝的奠基者，努尔哈赤可谓一生纵横，他统一女真各部落后建立后金，为子孙后代能够顺利入关打下了坚实的基础。可是这样一位英雄人物却遭受了人生中最大的打击——老来丧子，更让他心痛的还是他亲自下令杀死了自己的长子褚英。正所谓，虎毒不食子，那么努尔哈赤和褚英之间到底发生了什么，让他对自己的孩子痛下毒手呢？

其实努尔哈赤杀长子褚英也是被逼无奈。长子褚英自幼就跟随努尔哈赤南征北战，很受努尔哈赤的重视。在褚英二十九岁的时候，努尔哈

帝王秘史

赤命他辅佐朝政，并且有意将王位传给他。

可惜褚英这个人性格有问题。他为人心胸狭窄，但野心又很大，父亲对他的重视和信任使他飞扬跋扈，因此他很难和努尔哈赤身边的人和睦相处。因为一些鸡毛蒜皮的小事儿得罪他的战友或大臣，他都会重重地惩罚。一些跟随努尔哈赤的老臣看不惯褚英的做法，就对他有些风言风语，碍于努尔哈赤的面子褚英奈何不了他们，但他却暗中威胁这些老臣，说等将来自己继承王位，一定不会放过他们。

褚英不但和这些臣子关系没有搞好，就连和他的几个兄弟的关系也很紧张。褚英怕他的弟弟们跟他抢夺王位，处处打压和刁难他们。

最后，迫于无奈，当时掌权的五名大臣和褚英的四个弟弟（其中包括后来的皇太极）联名到努尔哈赤跟前告褚英的状，表示他们与褚英势不两立，如果不除掉褚英，这五名大臣就告老还乡，不能为努尔哈赤效力了。而四个皇子也表示，如果努尔哈赤不肯除掉褚英，他们将自杀，反正等父亲百年之后，他们也要死在兄长褚英之手。

努尔哈赤在面对这些人的诉苦时是纠结的，因为他对褚英十分重视和疼爱，但是对于一心想要统治全中国的努尔哈赤来说，比起褚英，得天下更为重要。而想要得天下，必须依靠这些老臣。为了顾全大局，他将褚英所有的官衔都罢免了。

可是，褚英飞扬跋扈的性格并没有就此收敛，反而因为突然遭到这样的待遇。而心理失衡。他认为父亲这样对他，是因为父亲不再信任他了。因此就找了一些江湖术士，在家扎小人，诅咒努尔哈赤。结果，褚英诅咒努尔哈赤的事被人告发了，这下努尔哈赤真的受不了了，打算处死褚英。即便在这种情况下，努尔哈赤还是给了褚英最后一次机会，在父子见面时，努尔哈赤问褚英："如果将来我将王位传给你，你打算如何对待你的弟弟和那些曾经得罪过你的大臣？"没想到褚英回答说："我会为父汗另建一座宫殿，让父汗可以颐养天年。至于其他人，顺我者昌，逆我者亡。"

努尔哈赤听到这样的回答，彻底对褚英失望，下令将褚英处死。

清朝开国皇帝——清太宗皇太极

清太宗皇太极是努尔哈赤第八子，他继承了努尔哈赤可汗之位，后又将国号由金改为清，将女真族改为满族，可以说是真正意义上的清朝开国皇帝。他在位期间大力发展生产力，不断增加兵力，对外不断对明朝作战，为清王朝入主中原打下基础。在明崇祯八年（1635年）八月，就在他准备入关前夕突然病故。如果历史允许假设的话，皇太极没有突然病

清太宗皇太极画像

故，他就会成为清朝第一位入关的皇帝，大清王朝的历史也要改写。

皇太极真的得到了传国玉玺吗

根据野史记载，当年皇太极从察哈尔林丹汗之子额尔克孔果尔那里得到了失传已久的传国玉玺，并且皇太极在拿到传国玉玺时还举行了一次非常隆重的仪式，他还率众贝勒在盛京（今沈阳）城外南冈设香案拜天受之。

说起这传国玉玺可大有来头，据说传国玉玺是由和氏璧雕刻而成。最早得到这块和氏璧的是春秋时期楚国的国君楚文王，后来又流传到战国时期的赵国国君之手。当时的秦赵两国经常交战，秦昭王为了得到这块传说中的美玉，许诺给赵国十五座城池来换这块玉，结果就发生了历史上著名的"完璧归赵"的故事。

秦统一六国之后，秦始皇得到了这块和氏璧，他让一位良工巧匠将这块和氏璧打造成了一颗传国玉玺，秦相李斯以大篆书写"受命于天，既寿永昌"，由玉工孙寿雕刻于玺上，其形如鱼龙凤鸟。

秦灭汉兴，传国玉玺又成为汉朝历代皇帝的掌权象征。西汉末年，王莽篡权，王太后怒而用玉玺掷之，使玉玺摔坏一角。之后王莽将破损的一角用黄金镶嵌，由此便有金镶玉一说。

汉光武帝刘秀创建东汉，这传国玉玺又经历了东汉一百九十多年的传承，随后又经历三国、晋、隋、唐等朝，直到 936 年，后唐废帝李从珂带玉玺登玄武楼自焚，传国玉玺至此失踪，其后典籍再无记载。

那么问题就来了。传国玉玺到了后唐之后就再没有史料记载了，至于最后去哪了更不得而知了。那么皇太极得到的传国玉玺是否是当年秦始皇命人打造的那块呢？如果是的话，史书上应该会有从后唐到明末这段时间关于传国玉玺去向的记载，可惜现存史料都没有记载。不过，历史上总有一些令后人难以琢磨的问题，至于皇太极得到的那块传国玉玺到底是不是之前的那块至今也是个谜。不过，在当时的情况下，皇太极声称自己得到了那块传国玉玺对他是有好处的。首先，得到了传国玉玺使他称帝入关有了理由，他得到了传国玉玺说明他才是真命天子；其次，起到安抚汉人的作用。毕竟当时满汉之间有一定的差异，想要入主中原，就必须得到中原汉族人民的支持，而传国玉玺又是汉族人当皇帝的一种象征。

所以，皇太极说自己得到了传国玉玺很有可能是出于一种政治目的，当然这只是一种猜想而已。

皇太极为何要改国号为清

当年努尔哈赤在统一女真各部落称大可汗后定国号为金，部分原因是为了纪念其先祖建立的金朝，他希望自己的政权能够像金朝一样，迅速崛起并建立强大的王朝。而后来皇太极又将国号由金改为清，那么皇太极又是出于什么目的而改的呢？

关于皇太极改国号一事，在民间一直流传着这样一个故事：

当年努尔哈赤在与女真族的另一部落的一场作战中战败，他骑着一匹大青马逃难，这匹青马速度极快，很快载着努尔哈赤逃离了危险。就在努尔哈赤脱离危险后，这匹青马却因劳累过度而死，努尔哈赤便对马说："大青啊，大青啊，如果将来我能够得到天下，我这个国号就叫大青。"因为"清"跟"青"是谐音，后来皇太极继承了努尔哈赤的意愿，就将国号由金改为清。

不过这只是民间的一个传说，其实皇太极改国号在史学界一直存在不同的说法，大致有五种。

第一种说法从满语的音韵上给出了解释。在满语中"清"和"金"的发音很接近，所以皇太极改了国号。不过这种说法有点牵强，也经不起仔细推敲，既然发音相似为何要改呢？

第二种说法是从历史上来解释的。说中国自三皇五帝开始，还没有任何一个朝代有国号为"清"的，所以皇太极独出心裁，改了国号，这样跟前朝的各个国号都没有重复，如果后朝再有叫清的也是复制自己的。可惜皇太极不知道，两百多年后，中华大地上再也没有了封建王朝，更没有了所谓的国号。

第三种说法是从周易学说上来讲的。当时"明"这个年号，左边是"日"，代表的是"火"，为了克制住明朝，皇太极将国号改为"清"，

因为"清"的左边是"氵"代表水，而水又克火。

第四种说法是从萨满文化层面进行解释的。因为在萨满文化中"青"这个字有通天、吉祥的意思。而"清"和"青"又同音，所以皇太极就改了国号。

第五种说法是从民族方面解释的。当时后金入关已经成为迟早的事，但是中原地区的百姓一提起金就想起了南宋时期，以及当时抗金英雄岳飞，皇太极为了减少入关的阻力，就将"金"改为"清"。

这五种说法都有一定的道理，不过皇太极为何会改国号，当年他自己没有说明原因，在相关的史料中也没有任何记载，所以只能说这还是一个谜。

皇太极的继位之谜

后金天命十一年（1626年）八月二十一日，努尔哈赤突然病故。努尔哈赤去世之后皇太极继承了其可汗之位，后来还建立了大清王朝。但是关于皇太极的继位充满了谜团。皇太极到底是从别人手中抢到的汗位，还是自然继承的呢？

有关皇太极继承汗位的说法和他改国号一样充满了神秘色彩。

根据朝鲜史籍《鲁庵文集》记载，皇太极是自然继承汗位的。因为努尔哈赤在去世之前，就已经交代过了：皇太极有能力继承我的愿望（入关），在我死之后可由他来继承我的位子。其原文是这样写的："老汗（努尔哈赤）临死曰：洪佗始（皇太极）能成吾志。终无所命而死。"由此可见，皇太极的继位并没有什么争斗，他是努尔哈赤钦点的。

但是，长期以来有一部分历史学家，尤其是研究清史的专家认为皇太极的汗位是从幼弟多尔衮那里抢来的。其依据是清人蒋良骐所著的

《东华录》，其中写到，在顺治八年（1651年）二月，多尔衮声称"太宗文皇帝（皇太极）之位原系夺立"，这句话暗示皇太极的汗位是从他手中抢去的。据说，努尔哈赤生前已经立多尔衮为嗣子（作为继承人的称谓），可是后来皇太极通过各种手段从多尔衮手中夺取了继承权，还逼迫多尔衮生母乌拉那拉氏死殉。

不过关于这种说法，很多人也提出了质疑。首先，多尔衮母亲的死，并非皇太极逼的，而是努尔哈赤痛恨她对自己不忠，而特意下令等自己将来死后，由她陪葬。其次，努尔哈赤不太可能立多尔衮为嗣子，因为当时多尔衮还比较年幼，再加上也没有什么战功，更无威望。再次，皇太极和多尔衮之间的兄弟感情通过后来历史发展可知相当不错，皇太极称帝后，对多尔衮十分重视和信任，并委以重任，每次有什么重要的军情皇太极都会和多尔衮一起商讨，而多尔衮对皇太极的恩育也万分感念，他尽心尽力地辅佐皇太极，功勋卓著，成为皇太极最得力的助手。试想，如果皇太极的汗位是从多尔衮那里夺来的，他称帝之后还能如此地培养和器重多尔衮吗？

除了与多尔衮争夺汗位的说法外，还有与代善争夺汗位之说。这种说法与同多尔衮的争夺说法如出一辙。说当时与皇太极争夺汗位最为激烈的是代善，因为代善不同于多尔衮，他有着卓越的战功，并且在后金有一定的声望。但是皇太极抓住了代善与乌拉那拉氏有暧昧关系的把柄，借助舆论，促使努尔哈赤休弃乌拉那拉氏，降低代善威望。在努尔哈赤去世后，皇太极就迫使乌拉那拉氏为之陪葬，又借此机会再次打压代善，最后自己继承了汗位。

关于这种说法，也有人质疑。说当初努尔哈赤并没有立任何人为嗣子，而是立了八和硕贝勒共治国政的制度，而作为八和硕贝勒之一的皇太极是被其他和硕贝勒推荐出来的。理由是皇太极是八和硕贝勒中势力最大的一位。因为是被其他和硕贝勒推荐出来的，所以也就无争夺之说，更不会与代善或者多尔衮发生争夺。

帝王秘史

　　不管皇太极是如何登上汗位的，他之后的表现可以说相当不错，为顺治帝能够成功入主北京城打下了坚实的基础，如果没有皇太极也许就没有后来的大清王朝。

"佛系"皇帝——清世祖福临

　　清世祖爱新觉罗·福临即顺治帝，也是清朝入关后第一位皇帝，其年号是"顺治"。顺治是皇太极的第九子。

　　因为皇太极去世之前，并未指定由谁来继承皇位，因此夺位之争异常激烈，其中争夺最为激烈的是福临同父异母的哥哥豪格和叔叔多尔衮。在多方利益权衡之下，多尔衮将年幼的福临扶持上了皇位。就这样年仅六岁的福临在1643年继承了皇太极的皇位，由多尔衮和济尔哈朗辅政，实际上朝中大权被多尔衮牢牢掌控。

清世祖福临画像

　　1644年9月，清朝将都城由盛京迁入北京，十月初一福临即位于武英殿，告祭太庙社稷，成为清朝入关后的第一位皇帝。1650年多尔衮逝世，次年年仅十四岁的顺治帝开始真正掌权。在执政时期，他缓和满汉矛盾，大力起用汉人官员，为清朝的统一和安定打下了坚实的基础。

帝王秘史

顺治帝的出家之谜

顺治帝的出家之谜算是清朝初期的一大疑案，并且也是后来在民间流传最为广泛的故事。据说顺治帝自从心爱的董鄂妃去世后，伤心欲绝地放弃了皇帝之位，在五台山削发为僧。那么顺治帝到底有没有出家呢？

关于顺治帝出家的说法最早出自清朝初年诗人吴梅村所著的《清凉山赞佛诗》中，这首诗长达一百多句，而诗句中含沙射影地描述了顺治出家之事。尤其是其中的"王母携双成，绿盖云中来""可怜千里草，萎落无颜色""房星竟未动，天降白玉棺"等几句暗示顺治帝因为董鄂妃的死而痛苦不已。他并没有病死在养心殿内，而是前往五台山的清凉寺出家当了和尚。

这首诗的记载和一些正史记载有出入。据王熙所撰的《年谱》一书描述，顺治帝最后是因得天花而病终于养心殿的。此书还记载了顺治帝去世前几日的所有活动，如"辛丑三十四岁，元旦因不行庆贺礼，黎明入内，恭请圣安，吾入养心殿，赐座、赐茶而退。翌日，入内请安，晚始出。初三日，召入养心殿，上坐御榻，圣躬少安，命至御榻前讲论移时"等句。

单纯拿这两份史料作比较的话，《年谱》要比《清凉山赞佛诗》靠谱得多。为什么这样说呢？《年谱》的作者王熙是顺治帝时的礼部侍郎兼翰林院掌院学士，并且深得顺治帝的信任。另外，顺治帝临终前的遗诏就是面谕他草拟的。而《清凉寺赞佛诗》的作者吴梅村又是谁呢？

吴梅村真名叫吴伟业，号梅村，是明末清初的一位诗人。他出生于明神宗万历三十七年（1609 年），在明崇祯四年（1631 年）参加会试，因遭别人诬陷差点失去考试资格，幸亏崇祯帝调阅会元试卷，亲自在吴伟业的试卷上批上"正大博雅，足式诡靡"，才得以高中一甲第二名（榜眼）。随后在崇祯帝的提拔下，他在官场上一直春风得意，因此吴伟业对崇祯帝一直有感恩之情。到了顺治元年（1644年）李自成攻入北京后，崇祯帝上吊自缢，吴伟业十分痛苦。顺治二年（1645年），为了缓和满汉矛盾，顺治帝大量起用汉人官员，而被起用的官员中就有吴伟业。他被召封为少詹事，但是在职仅两个月就因为与马士英、阮大铖等权臣不和辞官而去。因为对崇祯帝的感恩怀念之情，再加上官场上的失意，他开始对清朝采取消极抵抗的态度，最后于康熙十年（1671年）去世。

由此可见，吴伟业是一位心系明朝的人，对清朝没有什么好感，加上他在顺治帝还健在的时候就辞去了官职，根本无法得知顺治帝到底是因病去世的，还是出家为僧了。他所写的《清凉山赞佛诗》也许只是抒发个人得知顺治死后的一种心情。

因为诗词是一种很自由的文学创作手法，它比正史记录要随意得多，没有那么多拘束和限制，也许只是诗人在一个特定的地方看到特定的场景而对自己内心感受的一种抒发。比如当年苏东坡在游览赤壁时，面对波澜壮阔的赤壁有感而发，写下了"大江东去浪淘尽，千古风流人物。故垒西边，人道是，三国周郎赤壁"的豪情之作。

由此可见，诗用来作为论证的资料不太可靠。所以说顺治帝出家之事也许并未发生过。不过顺治帝信佛，并且的确有过出家的想法。

据史料记载，顺治帝在顺治十四年（1657年）开始接触佛教，并且很快受到佛教思想的影响，开始信仰佛教。他还请到了当时著名的名僧玉林琇、憨璞聪等人，而且还让玉林琇给自己起法号为"行痴"，后来顺治帝还自封为"尘隐道人""懒翁""太和主人""体元斋主人"等。

后来，他心爱的董鄂妃因病去世，他痛心疾首，一时间他想出家为僧，但在孝庄太后以及大臣的力劝下，放弃出家的想法，不过最后他还是让一位太监替他剃度出家了。

也许这就是所谓顺治帝出家的真实情况，也许他真的出家为僧了，毕竟关于顺治出家的说法一直被人们世代传诵。

顺治帝与多尔衮的恩怨

顺治帝与多尔衮是叔侄关系，按照常理来说，叔叔和侄子的关系应该差不了，因为毕竟有血缘关系。但是多尔衮和顺治帝之间的关系可以说非常微妙，甚至在多尔衮去世几个月后，顺治帝命人刨开多尔衮的坟墓并对其鞭尸。那么这对叔侄之间到底有什么深仇大恨，让贵为皇帝的顺治有如此惊人的举动呢？

顺治帝对叔叔多尔衮的感情可以用"既爱又恨"四个字来形容。爱是因为当初他能够继位完全是因为多尔衮，不过话说回来，多尔衮之所以选福临继承皇太极的皇位也是有自己的打算的。多尔衮在当时无法直接继承皇位的情况下，将当时势力最小的福临推上皇位，也是为了他将来控制朝政，在合适的时机自己再称帝。

而恨多尔衮就好理解了。自己年幼继位，多尔衮一直摄政，后来成年后也无法亲政，这无疑让顺治帝对多尔衮产生了反感。

顺治帝对多尔衮这种既爱又恨的情感，在多尔衮在世的时候并没有表现出来。即使在多尔衮去世后，他也一直对多尔衮客客气气，在多尔衮亲信的要求下，他按照皇帝的葬礼仪式安葬了多

多尔衮画像

尔衮，并追封多尔衮为"懋德修道广业定功安民立政诚敬义皇帝"。可是一个月后，顺治帝断然下令将多尔衮"削爵、撤庙享、罢谥号、黜宗室、籍财产人宫"。这个记录在《清史稿·多尔衮传》中。

到底是什么原因造成了顺治帝对已经去世的多尔衮产生了这么大的仇恨？

首先是顺治帝本人因长期不能掌权而对多尔衮的一种报复。因为多尔衮一直手握大权不放，朝廷上的大小之事皆由他掌握，这让顺治帝感到很不满。虽然自己身为皇帝，但实力比多尔衮差得太远，所以在多尔衮在世的时候，顺治帝对其毕恭毕敬。后来，多尔衮死了，其党羽势力还在，为了避免不必要的冲突，顺治帝按照皇帝葬礼的规格将其厚葬，但心中对多尔衮的那种愤怒并未消减，等到时机成熟，顺治帝肯定会发泄出来的。

而时机说来就来，当时同为摄政王的济尔哈朗，同多尔衮之间也是矛盾重重，主要原因是因为同为摄政王的济尔哈朗不管从权力还是地位上都不及多尔衮。在多尔衮去世后，他抓住机会揭发了多尔衮生前的四大罪行，即"一是顺治帝即位时，诸王立下誓言，由多尔衮与济尔哈朗联合摄政。但多尔衮'背誓肆行，妄自尊大'，剥夺了济尔哈朗摄政的权力，反而立自己的同母兄弟为'辅政叔王'；二是多尔衮所用仪仗、音乐、侍从，与皇帝无异，所盖王府形同皇宫，并私用皇帝御用八补黄袍、大东珠数枚及黑貂褂等陪葬；三是散布皇太极称帝是违背太祖本意而系夺位的流言；四是逼死肃亲王豪格，迎纳豪格之妃"。

还有一种可能就是，顺治帝对母亲孝庄皇后下嫁多尔衮之事心存不满。

结合这几个原因，顺治帝在厚葬多尔衮一个月之后，对其进行了"削爵、撤庙享、罢谥号、黜宗室、籍财产人官"的惩罚。

向天再借五百年——清圣祖玄烨

清圣祖爱新觉罗·玄烨即康熙帝，也是入关后的第二位皇帝，其年号为康熙。他是顺治帝的第三子，顺治十一年（1654年）生于紫禁城景仁宫，八岁登基，十四岁真正掌权，于1722年驾崩，在位时间六十一年，是中国历史上在位时间最长的皇帝。

康熙帝可以说是一位明君，他在位期间政绩突出，先除鳌拜，掌控大权，再平定三藩，巩固内部安定，最

清圣祖玄烨画像

后统一台湾，驱逐沙俄，大破准噶尔维护国土完整。此外，在治国上重视经济发展，崇尚儒学。清朝在康熙的统治下呈现出一片繁荣昌盛之象，开创了中国封建史上最后一个盛世局面——"康乾盛世"。

康熙帝是如何除掉鳌拜的

康熙帝与鳌拜之间的关系多少和顺治帝与多尔衮之间的关系相似。年幼的玄烨八岁继位，因为年纪尚小，顺治帝在临终前委托了索尼、苏克萨哈、遏必隆、鳌拜为辅政大臣，可是后来鳌拜势力日益强大，他根

本没把康熙放在眼里，更不把其他三位辅政大臣当回事。

一时间他权倾朝野，整个大清国运的走向也陷入了扑朔迷离中。那么后来康熙帝是如何除掉这位专横的辅政大臣，夺回原本就该属于自己的权力的呢？

其实除掉鳌拜并非康熙帝一己之力。首先动手的是康熙帝的祖母，也就是孝庄太后。她眼看鳌拜权倾朝野，威胁到康熙的地位，为了遏制住鳌拜，她笼络了索尼父子，一改清朝皇后都出自蒙古科尔沁部博尔济吉特氏家族的传统，册立索尼的孙女赫舍里氏为皇后。

赫舍里氏的入宫之路也相当艰难，鳌拜多次上奏以"满洲下人之女"不可立为皇后为由，多次阻碍这次针对自己的联姻。当时遏必隆也站在鳌拜一方逢迎附和。但因为是孝庄太后的钦点，最终年仅十二岁的赫舍里氏入宫成了皇后。

鳌拜为了专权故意找了个借口要除掉同为辅政大臣的苏克萨哈，更为阴险的是鳌拜并没有亲手杀掉苏克萨哈，而是借康熙之手。当时鳌拜诬陷苏克萨哈犯了重罪，奏请康熙帝将其处死，康熙帝心知肚明这是鳌拜的阴谋，立时拒绝了鳌拜的奏请，可不承想鳌拜在朝堂之上就此事和康熙帝争吵了起来，后来竟挽起衣袖，挥着拳头，不停地大喊大叫。康熙帝最终被迫同意了鳌拜的提议，将苏克萨哈处死。这时康熙帝已经有了杀鳌拜之心，可惜当时鳌拜势力太大，康熙帝知道还不是和鳌拜翻脸的时候。

但康熙帝只是暂时忍气吞声。他开始物色一批十几岁的年轻侍卫，留在身边，天天让这些年轻侍卫练习摔跤，自己则在一旁观

鳌拜画像

帝王秘史

赏，鳌拜起初认为康熙帝只是好玩，并没有当回事。

随着时间的推移，这几十个侍卫的摔跤本领十分高强。一天康熙帝传召鳌拜单独入宫，说有重要事情找他商量。鳌拜也没有察觉到什么，像往常一样大摇大摆入宫来了。就在鳌拜刚刚踏入内宫后，几十个年轻侍卫突然出现将鳌拜团团围住，然后将其按倒在地，虽然鳌拜是武将出身，力气又大，又懂摔跤之道。可惜以他一人之力也难以抵抗这几十人的联合进攻。

最终，鳌拜被制服，并关入大牢。康熙帝马上召见大臣调查鳌拜的罪行，最终列出了鳌拜三十多条罪行。大臣们一致认为，鳌拜专横跋扈，擅杀无辜，罪行累累，应该处死。可是，康熙帝念其旧功，并没有杀鳌拜，而是将其革职并终身监禁。

在清除鳌拜的势力之后，康熙帝开始亲自执政。他大力整顿朝政，奖励生产，惩办贪污，使新建立的清王朝渐渐强盛起来。

康熙帝为何取消 1689 年除夕国宴

清朝有一条祖训，就是在每年的除夕这天的午时（上午 11 点到下午 1 点），皇帝都要设宴邀请亲王、贝勒、贝子、额驸及内大臣、侍卫、大学士等重要的皇亲和大臣，这种宴会被称为国宴，就如同我们今天除夕夜吃团圆饭一样。

可是在 1689 年这一年的除夕，康熙帝取消了国宴。康熙帝为何敢违背祖训，取消这一年的国宴呢？这一年到底发生了什么大事？

根据有关史料记载，在康熙二十八年（1689 年）这一年的除夕日，康熙帝在乾清宫内紧皱眉头，来回踱步，一脸着急之相，继而下令取消国宴。

原来，这一年直隶地区暴发了严重的旱灾，导致颗粒无收。在腊月二十六日这天，康熙帝曾下令大学士伊桑阿、直隶巡抚于成龙等对灾民进行赈济。二十九日这天他得到了灾区的最新汇报情况，当时库银已经全部发放到灾民手中。可是，康熙还是十分担心，他又下令让山西巡抚亲自到蔚州、广昌两县赈灾。他严令"务令灾民得沾实惠"。

在这样的情况下，康熙帝脸上依旧没有半点喜色，就在这时大学士伊桑阿等人劝言说："我们国家疆域广袤，直隶不过一隅，想要年年丰收着实困难，因为天灾难免。而现在皇上您因为直隶的旱情一直郁闷，眼下正值春节之时，您仍坚持办公，下属们都十分担心您的身体。刚才从灾区发来的两个折子，都说明现在灾区人们的生活相对安定，看来没什么大事了。明天就是大年初一了，再有折子送来，就不要看了吧？"

大臣们的大意是劝皇上好好休息，好好过年。更深刻的意思是，今年的国宴到底举行不举行了，王公大臣们都还在保和殿门外等着呢。

可是，康熙帝不为所动，坚持要看灾区发来的折子。就这样康熙取消了这一年的国宴。

而上面这些记载皆出自《康熙起居注》一书。此书是记录康熙帝日常生活政务的日记，可信度也比较大。通过此事也可以看出，康熙帝的确是一位十分有作为的皇帝，在过年时期，他仍心系百姓安危，大力进行救灾，与灾区人民一同过了一个简单的年，这何尝不是另一场丰盛的国宴？

孝庄皇后画像

疑案重重的皇帝——清世宗胤禛

清世宗爱新觉罗·胤禛即雍正帝，1722年即位，年号为雍正，意思为和谐端正。他在位时期军事上平定了罗卜藏丹津叛乱，政治上开设军机处，整顿吏治，实行改土归流；经济上鼓励生产，推行摊丁入亩、耗羡归公。这些措施上承康熙时期的盛世局面，下启乾隆盛世，可以说是"康熙盛世"的继承者与发扬者。但是关于雍正帝的事情，后人谈论居多的并不仅是他的政改以及开拓中国版图，还有他的继位问题和死因。

清世宗胤禛画像

继位疑云

雍正帝是清朝乃至整个封建王朝中最难评价的一位皇帝。之所以这么说，是因为他在位期间勤于朝政，整顿官场腐败风气，在"康乾盛世"中起到了承上启下的作用，甚至可以说，如果没有雍正就不会有"康乾盛世"。但是，雍正从即位那天起，关于他是如何继位的就众说纷纭，这也成为清朝初期的几大疑案之一。那么雍正到底是如何继位的呢？

关于雍正的继位历来众说纷纭，其中大致有四种说法：其一，雍正下药毒死康熙，随后继承了皇位的杀父夺位说；其二，雍正串通科隆多等人篡改诏书，把康熙生前写的诏书中的"传位十四子"中的"十"改为"于"的改诏篡位说；其三，康熙深知皇子们为了争夺皇位已经闹得不可开交，尤其是太子党和八爷党之间的争斗已经给清王朝内部带来了很多的不安定，为了避免兄弟间的自相残杀，康熙选择了"中立"的雍正；其四，康熙很喜欢皇孙弘历，也就是后来的乾隆，雍正的儿子，故将皇位传给了雍正。

围绕这些可能，一些历史学家给出了分析。首先说一说杀父夺位说。传说当时康熙病重，雍正就趁机给康熙送去了一碗人参汤，康熙喝完这碗人参汤后不久就驾崩了。很多史学家们通过对《清史稿》以及其他一些史料的研究，得出康熙深通医术的结论，并且根据史料记载，康熙还曾对大臣们说过，人参虽然是一味补性很强的中药，但不适合北方人服用，因此他很少吃人参。这样一来就有疑问了，康熙既然很少吃人参甚至不吃人参，这个消息想必知道的人肯定很多，那么作为皇子的胤禛岂能不知？既然如此他怎么可能送一碗人参汤来孝敬康熙呢？即便胤禛送了这碗人参汤，那么不喜欢吃人参的康熙也未必会吃。因此，关于用人参汤毒杀康熙而夺位的说法极有可能不成立。

再来说改诏篡位说。很多人认为胤禛将诏书中的"十"改为了"于"，这样一来他就篡夺了原本属于他弟弟的皇位。其实篡改诏书的说法疑点更多。首先胤禛能不能拿到这个诏书就是个问题，即便是他拿到了，那么将"十"改为"于"也是几乎不可能的事。因为当时用的汉字为繁体字，将"十"改为繁体"于"（於）字可不是多两笔的事。另外，当时清朝拟定诏书有个规定，就是诏书一式两份或三份，两份时用汉文、满文分别书写，三份时分别用汉文、满文、蒙古文书写。所以即便是胤禛篡改了汉字诏书，那么还有满文诏书和蒙古文诏书为依据。基于这些，胤禛篡改诏书的说法也不成立。

八阿哥胤禩画像

十四阿哥胤禵画像

其实比起篡位说，合法继位说更为靠谱一些。根据史料记载，康熙帝一生有三十五个儿子，这些儿子有的夭折在襁褓之中，有些年幼过世，剩下的共有二十四个儿子有继承皇位的可能。后来在众多皇子之中，逐渐形成了太子党和八阿哥党，这两个人就继承皇位展开了激烈的明争暗斗。而此时的胤禛也就是四阿哥，他韬光养晦，没有加入任何一个党派，给康熙留下了很深的印象，因此最后康熙将皇位传给了雍正。

由此可见，雍正帝的继位其实合法性要大于非法性，之所以会出现雍正篡位的说法，大半受到了野史或小说、戏剧的影响。还有重要的一点就是源自胤禛继位后对其他兄弟的处理。那么那些曾经争夺皇位的皇子，在胤禛继位后都是什么下场呢？

大阿哥胤禔因为在太子废立问题上得罪了康熙帝，被夺去官爵，幽禁起来。最后死于雍正十二年（1734年）。胤禔的死可以说与雍正没什么关系。

二阿哥胤礽也就是当初被废的太子，他被幽禁在咸安宫。但是雍正帝对此仍不放心，他一面封其为理郡王，一面又命人在山西祁县修建兵营，将胤礽转移到山西祁县幽禁起来，最后胤礽死于雍正二年（1724年）。

三阿哥胤祉可以说是最无辜的一位，因为他原本就不热衷于争夺皇位，而是一心研究文学，想著书立说。可是，胤禛即位后他也受到了牵连，雍正帝以"胤祉与太子素亲睦"为由，命"允祉守护景陵"，发配到遵化为康熙守陵。无故受到惩罚的胤祉心里很不爽，私下里发了些牢骚。雍正得知后，又将胤祉削去爵位，幽禁在景山永安亭。胤祉最后死于雍正十年（1732年）。

康熙帝当年征准噶尔时，五阿哥胤祺曾率领正黄旗大营，后被封为恒亲王。胤祺没有结党，也没有争储。胤禛即位后，借故削其子的封爵。胤祺最后死于雍正十年（1732年）。

八阿哥胤禩是当初争夺皇位最为激烈的皇子。胤禛在即位之后，将其视为眼中钉、肉中刺。胤禛即位后，先是封胤禩为亲王，当这个消息传到胤禩家中时，其福晋对祝贺者说："有什么值得庆贺的？正愁如何保住脑袋呢！"这话传到雍正帝那里，命胤禩将福晋赶回娘家。不久，借故命胤禩在太庙前跪一昼夜。后削胤禩王爵，高墙圈禁，改其名为"阿其那"，意思是"猪"。胤禩被幽禁多年，受尽折磨，终被害死。

九阿哥胤禟之前同样结党营私，对皇位争夺激烈。胤禛即位后，胤禟自知没有什么好下场，便上请要出家。雍正哪里容得下让其出家，他借故将胤禟革去黄带子、削宗籍，逮捕囚禁，又改其名为"塞思黑"，意思为"狗"，不久又定其二十八条罪状，将其关押在监狱之中。最后胤禟受尽折磨而死，也有传言说食毒而死。

十阿哥胤䄉，因党附胤禩，为雍正帝所恨。雍正元年（1723年），哲布尊丹巴胡图克图来京病故，雍正帝派胤䄉送灵龛回喀尔喀（今蒙古国），命胤䄉印册赐奠。胤䄉称有病不能前往，命其居住在张家口。同年借故将其夺爵，逮回京师拘禁。直到乾隆二年（1737年）才释放。

除了这些兄弟外，十二阿哥胤祹和十四阿哥胤禵也都遭到了雍正帝的打压。

雍正帝如此对待自己的兄弟，其实也很好理解，他毕竟刚刚当上皇

帝，之前争储的兄弟对他有一定的威胁，为了保住刚刚得到的皇位，他不得不这样做。

雍正帝死因之谜

雍正帝的确可以算得上一位传奇皇帝，他的继位疑云重重，其死因也扑朔迷离。据说雍正帝死后头颅不见了，那么雍正帝到底是怎么死的？

有关雍正帝的死因在正史中记载极少，最多的是源于野史记载和民间传说，其中最被人们熟知的是被吕四娘谋杀的说法。

相传，这位吕四娘是吕留良（清初著名学者）的后代，有的说是其女儿，也有的说是孙女。吕留良曾经牵连到一起文字狱案被严惩，据说当年雍正帝下令将其全家统统杀死，可是吕四娘却成了"漏网之鱼"，逃了出来。吕四娘为了给家人报仇，到处拜师习武，最终练得一身好武艺。随后她经过一番精心秘密打探，弄清楚了雍正帝的行动规律。一天，她得知雍正帝将在圆明园内过夜，还得知圆明园内戒备比较松，因此晚上她飞檐走壁，潜入圆明园雍正帝的寝宫内，一剑将熟睡中的雍正帝的头颅砍下。这也是雍正帝成为无头尸的由来。

除了被吕四娘谋杀外，民间还流传着一个更为离奇的说法。据传雍正帝死于竺香玉之手。那么这位竺香玉又是谁呢？相传，竺香玉是《红楼梦》作者曹雪芹的一个恋人，竺香玉长得漂亮，又能歌善舞。一次偶然的机会雍正帝见到了竺香玉，并喜欢上了她，将其带入宫中。可是竺香玉却对曹雪芹念念不忘，虽然身在宫中，但心还在曹雪芹身上，因此两人进行秘密联系。后来竺香玉厌倦了宫中的生活，找了个机会将雍正帝杀死。这个说法纯属民间传说，并无史料根据。

此外，还有一种说法，说雍正帝死于服用丹药。这种说法源于雍正

帝崇尚方术。雍正帝对方术十分崇尚，他身边有很多的和尚、道士为其炼制长生不老之药。雍正帝崇尚方士是有据可依的。在雍正的《御制文集》中留下了不少歌颂神仙、丹药的诗。因此，很有可能是他长期服用丹药，导致突然死亡的。

另外，在弘历即位后，很快下了一道谕旨，将道士统统赶出了紫禁城。试想，刚刚即位的乾隆为什么在登基之初百事待兴的时候，会忙于驱赶道士呢？也许跟雍正帝的死有一定的关系。

关于雍正帝的死以上只是众多说法中的几个，雍正帝到底是怎么死的至今还是个谜，还有待历史学家们经过缜密的考究，给出最终的结论。

"古稀天子"——清高宗弘历

清高宗爱新觉罗·弘历即乾隆帝，年号乾隆，寓意"天道昌隆"。

乾隆帝二十五岁登基，在位六十年，为了不超过祖父康熙帝的在位时间，主动退位，当了三年太上皇，实际掌权长达六十三年零四个月，是中国历史上执政时间最长、年寿最高的皇帝。

清高宗弘历画像

乾隆帝在位期间，平定大小和卓叛乱、巩固和发展统一多民族国家，六次下江南，文治武功兼修，为"康乾盛世"作出了重要贡献，称得上一代有为之君。

乾隆帝一生收藏了多少奇珍异宝

收藏是一门很深的学问，在一般人的印象中，收藏家大多是商人或古玩爱好者，然而在古代的收藏家里却出现了一位赫赫有名的收藏大腕，他就是乾隆帝。

乾隆帝一生搜集的稀世珍品无数。其中一部分收藏来自臣子的进献。如乾隆帝二度南巡时，礼部尚书沈德潜接驾，就进献书画七件——

董其昌行书两册、文徵明山水一卷、唐寅山水一卷、王鉴山水一轴、恽寿平花卉一轴、王翚山水一轴。总督李侍尧曾因为贡品精良而备受乾隆帝青睐，当他被治罪抄家时，抄出了黄金佛三座、珍珠葡萄一架、珊瑚树四尺者三株，这些都是准备进献的贡品。

当然，乾隆帝的收藏品，大部分是由内府制造的。乾隆帝爱玉成癖，耗费了大量的人力物力致力于玉器的生产和收藏。为了打造一件"大禹治水"的玉山，乾隆帝命人将玉料从新疆经水路运到北京，后又转运到扬州，制成后又运回紫禁城，前后经历了十年时间。这座超大型玉雕高九尺五寸，重10700多斤，堪称玉器之王。现在这座玉山陈列在北京故宫博物院里，接受游人的观赏。

数十年间乾隆帝从全国搜罗到无数的艺术精品，在鉴赏后，他往往加盖"乾隆御赏之宝""三希堂精鉴玺""宜子孙"等章，以示珍藏之意，然后让各精其道的儒雅词臣分门别类，编为目录，编印成书，如《西清古鉴》《宁寿鉴古》是古铜器目录集，《西清砚谱》是古砚目录集。

乾隆四十四年，乾隆帝命将内府珍藏的虞世南、褚遂良、柳公权和冯承素所摹的《兰亭序》四个真本，《戏鸿堂帖》中"柳公权书兰亭序"原刻本，于敏中奉旨为这个原刻本填补阙笔的全本，董其昌的《兰亭序》临本，以及乾隆帝手临董其昌《兰亭序》本——共八种《兰亭序》本墨迹刻石，名"兰亭八柱"。

除书画之外，乾隆帝还热衷青铜器的收藏和鉴赏。除了宫廷收藏，官僚士大夫中普遍形成了嗜古收藏的风尚，出现了一批卓有成就的收藏大家和古文字学家。他们不仅亲自鉴定考证，而且还着录摹拓，著书立说，相互辩驳，于是随之而来的考据之学又大行其道。此风一起，影响了收藏界和知识界将近两百年。

乾隆的收藏之富堪称空前，单纯从收藏的数量来看，乾隆帝超过了以往的任何一个皇帝。一份1816年的清单显示，当时有15000幅字画装饰着从北京紫禁城到察哈尔的皇宫，其中有三分之二是1644年以后的作品，真的应了"前无古人，后无来者"这句古话。这不仅记录了那

一时代国力的空前强盛，也深深打上了乾隆帝追求宏伟气象、艳丽繁复的审美情趣的烙印。

乾隆皇帝的"三希堂"

很多人游故宫，都惊诧于导游讲的所谓九千九百九十九间房子，却忽略了位于故宫博物院养心殿西暖阁的一间小小书斋，它原名"温室"，后改为"三希堂"，是乾隆帝的书房。透过窗户，窥探这仅八平方米的小小书斋，驻足于此，也能令人浮想联翩。

乾隆帝作为"文奋武钦"的一代帝王，其书房虽小却极为雅致：楠木雕花隔扇将其分成南北两间小室，里边的一间利用窗台摆设乾隆御用文房用具；窗台下，设置一铺可坐可卧的高低炕，乾隆御座即设在高炕坐东面西的位置上；其御笔手书的"三希堂"匾额和《三希堂记》墨迹，至今还悬挂在墙上，匾额两侧对联为"怀抱观古今，深心托豪素"（豪素指书法），从内容可见乾隆帝之胸襟与志趣。"三希堂"的陈设幽雅朴素，既弥补了空间的不足，又带有极强的人文气息，古朴而不失优

三希堂

雅，清新而富有内蕴。

书斋之所以改名为"三希堂"，是因为乾隆帝在此收藏了晋朝大书法家王羲之的《快雪时晴帖》，王献之的《中秋帖》和王珣的《伯远帖》。这三件古代墨宝，尤其受到乾隆帝的珍爱，并特意储存于此，不时把玩。实际上，至乾隆十五年时，"三希堂"还收藏了晋以后历代名家一百三十四人的作品，包括墨迹三百四十件以及拓本四百九十五种。这些中国书法史上的精品力作，凡经乾隆亲自鉴赏过的珍品，往往钤有"乾隆御览"和"天子古稀之宝"二玺。

由此可见，乾隆帝在艺术上拥有非常挑剔的眼光和精微的直觉。他是古往今来搜罗最富的收藏家和鉴赏家之一，同时在诗词、曲赋、书法、绘画、音乐上都有很深的造诣。身为帝王而有如此才华，加上天下太平能游历神州，真是不枉此生，这在帝王群里也堪称"个中翘楚"了。

乾隆帝还是世界上产量最高的诗人。乾隆帝一生作诗四万首，而《全唐诗》作者两千两百多位，不到五万首诗。同时，乾隆帝还是一位语言学家，其语言能力超群，精通满语、汉语和蒙古语，藏语和维吾尔语也达到了擅长的程度，这在古代帝王中是绝无仅有的。

清朝皇帝中对文化事业的重视和成就当以乾隆帝为最。乾隆帝亲自倡导并编成了大型文献丛书《四库全书》，保存了大量古典文献，是我国现存最大的一部官修丛书。他开博学宏词科，招纳天下人才，下令征求书籍，完成《明史》《清文献通考》《大清会典》《大清一统志》等，这些成就与他的博学不无关系。由于乾隆帝对文化事业的热心，汉学从乾隆朝日渐兴盛，至嘉庆朝，形成了著名的"乾嘉学派"。

驻足"三希堂"外，感觉其空间虽小，但管中窥豹、小中见大。"三希堂"引领着天下读书人的人文风尚，同时更见证了一代盛世的人文辉煌。

揭秘乾隆帝长寿之道

乾隆帝中青年时代体格健壮，视力极好，走起路来坚定挺拔，晚年虽有"痔血"及尿频之患，但总体上相当健康，终生未用眼镜，八十七岁时还能外出狩猎，临终前不久尚能读书写字。

乾隆帝对自己能够长寿十分得意，他在自己的"七旬万寿"时，特撰写《古稀说》，并喜刻印章，自称"古稀天子"。到八十岁时，他更觉得自己"仰荷天眷，至为深厚"，"不特云稀，且自古所未有也"。于是，又刻"八徵耄念之宝"，御制《八徵耄念之宝记》，以抒发自己春风得意、踌躇满志之情思。英国使臣马戛尔尼到承德避暑山庄朝见乾隆帝后，对乾隆帝做了这样的描述："观其风神，年虽八十三岁，望之如六十许人，精神矍铄，可以凌驾少年；饮食之际，次序规则，严其肃，殊甚惊异。"

按照常理，封建社会的皇帝地位至高无上，普天之下皆为皇室所有，一般都拥有三宫六院，纳妾招妃，声色犬马，过着纵欲无度的糜烂生活，因而早逝者多，长寿者少。那么为何乾隆帝独独能够长寿、尽其天年呢？

清宫医案研究专家认为，乾隆长寿的原因主要有三个方面：一是注重体育锻炼，喜欢狩猎，并遍游名山大川；二是生活有规律，节饮食，慎起居；三是长期对症服用长寿药。

早在康熙时期，康熙帝就经常出巡旅游。据史书记载，活了六十九岁的康熙皇帝曾六次巡视江南，行至江苏、浙江，览遍大江南北的名胜古迹；四次出巡塞外，驻跸多罗诺尔、克鲁伦河、狼居胥山和索岳尔济山；四次登临佛教圣地五台山，领略北国风光；并且还登泰山，祀东岳，西幸太原和西安。

一心效法祖父的乾隆帝也六下江南，巡察素有"人间天堂"之称的苏州和杭州，在大运河上泛舟赋诗，被人们传为佳话。

皇帝出巡，虽然可以骑马、坐轿，且前呼后拥，后勤供应一路有充足的保障，但在当时的物质和交通条件下，旷日持久的跋山涉水、鞍马劳顿，也是够辛苦的了。这种辛苦的磨炼对身心健康自然大有好处。

此外，同祖父一样，乾隆帝也非常喜欢射猎。康熙帝不但热衷于骑射，以增强身体素质，还将骑射定为"祖制"传承下去，要求后辈做"马上天子"。可见，眼光远大的康熙帝不仅把骑射视为一种锻炼身体、磨炼意志的重要途径，也视为增强国力、维持统治的必要条件。

乾隆帝继承了其皇祖父喜欢骑射的传统，自幼喜欢巡游打猎。据《清朝野史大观》记载，乾隆帝常在夏日接见武官后在宫门外"较射"，秋天出塞时他也要较射。史称乾隆帝"善射"，一次他在大西门前射，九矢九中，钱麓惊为异事，特地作《圣射记》进呈，感叹"圣艺优娴"。

除了加强体育锻炼，乾隆帝还爱好多样，精神生活丰富，这也正符合中医所强调的"七情之病也，看花解闷，听曲消愁，有胜于服药者"的道理。据史书记载，乾隆帝喜欢听音乐，经常要求乐工为其更换新曲。

乾隆帝在总结自己的养生经验时认为"节饮食，慎起居，实却病之良方也"，"凡人饮食之类，当各择其宜於身者，所好之物不可多食"，又说"老年人饮食宜淡薄，每兼蔬菜食之则少病，于身有益。所以农夫身体强壮，至老犹健者，皆此故也"。这些观点都值得今天的人们重视。

此外，自古帝王多好酒色，致使"命门火衰，肾精亏损，下元不固，故衰老之征常早见"。乾隆帝寿达八十九岁，与节制酒色不无关系。

研究清宫医案的专家们认为，乾隆帝的长寿和其日常所用的抗衰老医方也有很大关系。乾隆帝经常服用的补益药方有龟龄集、龟龄汤、松龄太平春酒方、椿龄益寿药酒方、健脾滋肾壮元方、秘传固本仙方等。这6个长寿仙方多属于脾肾双补之品。

通过对乾隆帝长寿原因的研究，我们可以看到，"圣人以劳为福、以逸为祸矣"的养生之道，至今仍有一定的借鉴意义。

乾隆帝为何要六下江南

乾隆帝在位六十年，曾六次下江南，到过淮安、扬州、苏州、杭州、徽州、江宁等江南许多地方，而且，这六次"南巡"，他自认为是平生最重要的两件大事之一。他在《御制南巡记》中说："予临御五十年，凡举二大事，一曰西师，二曰南巡。"

为什么乾隆帝要如此兴师动众地南往北返、六下江南呢？有人说乾隆帝是"艳羡江南，乘兴南游"，有人说是为了"搞清自己的出身真相"，有人说是"希望南巡解决社会问题"……答案众说纷纭、莫衷一是，如今又有了最新说法——"徽菜说"。

"徽菜说"是近年来流行的一种说法，即乾隆帝的多次江南之行，其实是为了能亲临扬州等地，品尝江春为他提供的徽菜等盛宴佳肴。江春，字颖长，号鹤亭，安徽省古徽州府歙县江村外村人，清代著名的客居江苏扬州业盐的徽商巨富，为乾隆时期"两淮八大总商"之首。因其"一夜堆盐造白塔，徽菜接驾乾隆帝"的奇迹，而被誉作"以布衣结交天子"的"天下最牛的徽商"。那一席又一席的"江春徽菜接驾宴"上的"徽菜"等江南美味佳肴，不但是乾隆平生从来没有品尝过的，甚至连听也没有听说过，因此好奇心大获满足，并且一尝而不能忘。回京后，好几次都回味起江南巨富江春的徽菜佳肴，几次下旨令御厨烹制，却始终难以如愿，总是做不出那个味。于是，只得一次又一次地下江南，再见江春，才能尝到那个味。

同时，乾隆之所以要六次下江南，还有一个目的，就是一次又一次地带上他的御厨班子随行，以便学习江春接驾宴中徽菜佳肴的烹饪技

艺，并采购到相关徽菜原料带回宫中去试做。然而却都未能奏效，于是只得一次又一次地让他们随行、再学，直到彻底失望为止。

据《扬州画舫录》所记，江春任总商四十年，先后蒙乾隆赏赐"内务府奉宸苑御""布政使"等头衔，荐至一品，并赏戴孔雀翎，为当时盐商仅有的一人，时谓江春"以布衣结交天子"，"同业中无不以为至荣焉"。

乾隆六下江南，均由江春承办一切供应，筹划张罗接待，即所谓"江春大接驾"。乾隆曾于金山行宫与江春奏对称旨，亲解御佩荷囊，面赐佩带，晋秩内卿。并两次亲临江春的别墅"康山草堂"，赐金玉古玩，题写"怡性堂"匾额，并以"盐商之财力，伟哉"赞叹江春的"一夜堆盐造白塔"的奇迹。

江春虽然长期客居扬州，却一直生活在他刻意营造出的"徽州"氛围中：住的是徽派特色浓郁的别墅以及私家园林，吃的是从老家徽州带去的家厨团队与主要原材料烹制出的徽菜佳肴，玩乐靠的是自家组建的"德音班""春台班"等徽剧家班，甚至平常生活的会话用语，也因为乡人聚居的缘故而照旧使用家乡话。

特别值得一提的有两件事：一件是乾隆五十五年，江春家的"春台班"与"三庆班""四喜班""和春班"一道，奉旨入京为乾隆帝八十大寿祝寿演出，演绎出历史上非常著名的"四大徽班进京，导致京剧诞生"的重大事件；另一件，"江春接驾乾隆宴"，就是由他的家厨团队根据江春的设计并精心烹制而成的。

为什么"布衣江春"能够参与每一次的接驾并获得乾隆的厚评与褒奖呢？个中之妙就在于江春所献的，恰恰正是地方官员们所缺、乾隆又从来也没有品尝过的"地方徽菜"。

那么，这些"江春徽菜接驾宴"神秘的综合菜谱到底都有些什么呢？据考证如下：

茶品：以现在已经成为安徽省非物质文化遗产代表作的"徽州锡格子茶"传统茶品及其礼俗献上，内有徽州传统著名极品茶点顶市酥、寸

金糖、茯苓饼、交切片，以及徽州五香茶叶蛋等。

早点部分：冰糖炖燕窝。

饮品：黄山毛峰茶。

果品：歙县三潭枇杷、黟县里仁香榧。

食品：灵山贡米做成的香米饭、徽州拓粿。

贡品：徽州文房四宝盒、徽州贡菊。

菜品：绩溪一品锅、金银白玉板、红嘴绿鹦哥、霹雳一声响、鱼头炖豆腐、沙地马蹄鳖、雪天果子狸、腊香问政笋、肥鸡烧豆腐、徽州馄饨鸭、青菜鸡丝豆腐汤、徽州腐衣圆子汤等。

"六度南巡止，他年梦寐游。"这是乾隆皇帝第六次南巡之后写下的诗句。自此，"乾隆皇帝下江南"，便成为中国风流史上的一段绝唱。而那一席席由江春精心设计的"江春接驾宴"，如今经过"徽商会馆"的涅槃再生，已经成为"徽宴官府菜"中的特筵，成为芸芸众生走进"徽商会馆"的原因之一。

遭雷劈的皇帝——清仁宗颙琰

清仁宗爱新觉罗·颙琰即嘉庆帝，乾隆帝的第十五子，为人老实，但并不突出。起初乾隆帝并没把他当作接班人来培养，而是先后秘立两储，将传位诏书放在正大光明匾后，但遗憾的是，两位接班人先后夭折，乾隆帝也无心再考虑建储一事。

几十年后，乾隆帝年近古稀，这位老实巴交的皇子颙琰竟然成了最佳的储君人选。乾隆帝在位六十年，后将帝位传给了颙琰，做起了太上皇。

清仁宗颙琰画像

嘉庆帝在位前几年并无实权，乾隆帝一死，独掌大权的嘉庆帝做的第一件大事就是把天下第一大贪官和珅给办了。

"和珅跌倒，嘉庆吃饱"是怎么回事

和珅是乾隆帝的宠臣，乾隆帝的长寿，让和珅走红的时间很长，其党羽遍及朝野，树大根深，其程度仅次于鳌拜，远胜过年羹尧。而且与鳌拜和年羹尧的飞扬跋扈不同，和珅在乾隆和同僚面前，八面玲珑。

帝王秘史

在未即位的嘉庆帝那边，和珅也做了大投资。乾隆帝在病逝之前，一直是实际掌权的太上皇，嘉庆帝仅仅是一个符号而已。嘉庆帝也很聪明，在乾隆帝与和珅面前表现得很柔顺，深得他们的信任。

不料，乾隆帝一驾崩，嘉庆帝就以让和珅为乾隆帝守灵为理由，将其软禁在宫里，断绝和珅与其党羽的联系，丧期还未满，就抄了和珅的家，并下旨将和珅罪状昭告天下，最终赐白绫，令和珅自尽。

和珅一看到白绫，就知道死期已到。他想自己家业富比皇室，到头来却落得个如此悲惨下场，不禁感慨万分，提笔作了《上元夜狱中对月两首》。

其一：

夜色明如许，嗟令困不伸。

百年原是梦，廿载枉劳神。

室暗难挨晓，墙高不见春。

星辰环冷月，缧绁泣孤臣。

对景伤前事，怀才误此身。

余生料无几，空负九重仁。

其二：

今夕是何夕，元宵又一春。

可怜此月夜，分外照愁人。

思与更俱永，恩随节共新。

圣明幽隐烛，缧绁有孤臣。

和珅画像

和珅至死执迷不悟，觉得自己满身是才，"怀才误此身"，表现出一种"落花流水春去也"的无可奈何之情。

嘉庆帝此举震惊朝野，同时也让群臣对这位平日里谦谦君子般的新君刮目相看，很多前朝重臣再不敢卖弄资格，恃乾隆帝之宠而对嘉庆帝傲慢。

那么嘉庆帝为什么非杀和珅不可呢？

历史上流传最广的说法，是财政原因。诛杀和珅这件事也因此演变出了一句俗语："和珅跌倒，嘉庆吃饱。"意思就是从和珅家族查抄出来的财富，极大地填补了嘉庆帝国库的巨大亏空。单单查抄和珅一件事，就让嘉庆帝的财政宽松了好多年。

除此之外，还有政治上的原因。嘉庆帝的时候，抓到了四川白莲教教首王三槐，在王三槐的供词里，问他为什么叛乱？他说官逼民反。嘉庆帝说："官逼民反，这官是谁呀？"王三槐说："就是和珅这一类的贪官逼的。"嘉庆帝下定决心要杀和珅，给其他贪官看看，贪官就这个下场，以儆效尤，杀猴给鸡看，这是出于政治上的目的。

另外，嘉庆帝诛杀和珅，也有借除巨贪立威的考虑。从顺治帝起，清朝的前几位皇帝都有借除前朝重臣以立威的传统。嘉庆帝在乾隆帝与和珅面前，长期出演一种温柔、和顺、不足以威胁前朝臣子的模样，如果嘉庆帝掌权后不杀个把重臣立威，恐怕没有哪个重臣会真心重视并服从嘉庆帝。如果乾隆时代的朝廷重臣和封疆大吏都不尊重并服从嘉庆帝这位新君，不但会出现"政令不出大清皇宫"的现象，还有可能使得军阀割据的混乱局面提前上演。

那么，嘉庆帝的这一狠招到底有没有奏效呢？

嘉庆帝的这一狠招，尽管没有扭转清朝腐败恶化的趋势，却让内忧外患不断的清王朝又延续了一百一十五年！

嘉庆帝真的在神武门遇刺过吗

清朝入关后二百六十余年，自顺治至宣统共十位皇帝，其中有两位皇帝曾经遇到刺客，那就是雍正帝和嘉庆帝。雍正帝遇刺之说，实属市井传闻，无从查考。而嘉庆帝遇刺之事，则有档案为证，确有其案。

清嘉庆八年（1803年）二月二十日，嘉庆帝从圆明园启銮返回紫禁城。按照惯例，嘉庆帝带领朝中重臣、御前侍卫自圆明园乘车、骑

马，进入神武门后换乘御轿进宫。因清军镇压白莲教的战争刚刚取得胜利，平定教乱，嘉庆帝一连数日带领群臣在圆明园欢歌宴饮，吟诗作赋，几天前还亲往东陵谒拜乾隆帝。此时嘉庆帝在返回皇宫的路上还满心欢喜，陶醉在连日的喜庆之中。

就在嘉庆帝换轿准备进入神武门内的顺贞门时，忽然从神武门内西厢房南墙后冲出一个大汉，手持短刀，直奔御轿而来。在场的众多侍卫一时被突如其来的事件吓蒙，一个个呆若木鸡，不知所措。轿旁的御前大臣定恭亲王绵恩一看情形不妙，赶忙迎上前去阻挡大汉，固伦额附拉旺多尔济、乾清门侍卫丹巴多尔济等几人也随即反应过来冲上前去。

此时的嘉庆帝被这突发事件吓得魂飞魄散，慌忙逃进了顺贞门内，先前的喜庆心情霎时烟消云散。大汉见嘉庆帝逃走，手挥短刀左扎右刺，一心追杀皇帝。经过一番激烈搏斗，几人将大汉团团围住，最终拿下，侍卫丹巴多尔济被刺伤三处，定恭亲王绵恩的袍袖也在拼杀中被刺破。

嘉庆帝遇刺，惊动了朝野上下，这起发生在光天化日之下的神武门刺杀皇帝案，遂成为嘉庆朝有名的一桩大案。案发当天，嘉庆帝立即降旨，命令"军机大臣会同刑部严审定拟具奏"，下令一定要将此案审个水落石出。

刺客名叫陈德，四十七岁，北京人，父母本是官宦人家的家奴。陈德交代："因无路寻觅地方，一家老少无可依靠，实在情急，要求死路。"遂于二十日在神武门行刺嘉庆帝，为的是犯惊驾之罪，"图死个爽快，也死个明白"。

陈德行刺案在朝廷掀起了轩然大波，大臣们惊恐万状，人心惶惶，有的朝中重臣认为此案背后一定有人指使。嘉庆帝想起明末"梃击案"（前文已有细述）一事，心里疑虑更重，随即又连发两道御旨，旨令添派满汉大学士、六部尚书、九卿科道会同审讯，命令一定要"穷究主使何人，同谋何人，有无党羽"。

据中国第一历史档案馆现存《嘉庆朝上谕档》记载，陈德供词交代：这次行刺实是一人所为，没有受任何人指使，也没有同谋，确实是生活所迫。陈德从小生活在社会的最底层，出生八个月后就随父母跟官服役，为人家奴，亲身感受到了生活的艰辛。三十一岁那年因父母先后病故，他在山东没有生计，只好带家人回到北京投靠表姐，辗转在大户人家当差。嘉庆六年，他的媳妇病故，留下八十岁瘫痪在床的岳母和一对未成年的儿子，日子过得十分艰难。两年后陈德又被解雇，他只好先后投靠亲友，受人接济。

陈德一生为奴，侍奉的都是达官贵人，尤其在京跟随包衣管领达常索在内务府服役的三年期间，经常出入宫中，亲眼看到了皇帝后妃的奢侈生活，联想到自己的一生艰辛度日，不公平的命运使他产生了不满，于是，时时刻刻都在想着改变自己的命运。现实生活的无情，逼迫陈德走投无路，只得铤而走险。嘉庆八年二月二十日，陈德怀藏短刀，带着大儿子在东安门酒铺连喝两碗木瓜酒和绍兴酒后，进了东华门，穿过东西牌楼，从西夹道绕到神武门内，踏上了不归之路。

嘉庆八年二月二十四日，嘉庆帝下旨将陈德凌迟处死，陈德的两个幼子被处以绞刑。按照大清律，大逆罪凌迟处死者之子未满十六岁应发配边疆为奴，陈德的两个儿子陈禄儿和陈对儿都未满十六岁，但嘉庆帝为了斩草除根，还是下旨将两个年幼的孩子残忍地处死了。

陈德行刺嘉庆帝案引起了朝廷的恐慌，嘉庆帝下令加强包括圆明园、热河行宫、木兰围场等处禁地的警戒。

"雷电劈嘉庆帝"的故事

皇帝都说自己是上天的儿子，可是，嘉庆帝这个可怜的皇帝，却偏偏被上天用雷电劈死了。这又是怎么一回事呢？

关于嘉庆帝遭雷劈而死有三种说法。

第一种说法：嘉庆帝在承德避暑山庄木兰围场秋狩时害病，卧床调养，不过没有大碍，还能照常处理政事。但有一天，热河上空天气骤变，电闪雷鸣，顿时寝宫就遭到了雷击，致使嘉庆帝"触电"身亡。

第二种说法：嘉庆帝到达承德避暑山庄后，稍事歇息，便全副武装，率领满汉大臣和八旗劲旅直奔木兰围场。他们追踪围猎多日，却收获甚微，只猎获几只野兔。嘉庆帝非常扫兴，决定提前结束秋狩。结果回宫的路上遇上了大雨，被困在荒郊野外，一时间雷电交加，大地震撼，忽然一道光亮之后嘉庆帝被雷电击落马下，当场身亡。凯旋回营变成护丧返京，满朝惊恐。

第三种说法：嘉庆帝长期嬖宠一个小太监，两人经常寻欢作乐，引起近侍大臣们的非议。住进承德避暑山庄以后，变本加厉。嘉庆帝的寝宫设在"烟波致爽殿"，殿后有一座小楼，名叫"云山胜地"，两人经常在此幽会。有一天，两人正在此寻欢，忽然下起了大雷雨，一时间雷电交加，忽然一道闪电劈开云层而下，一个火球窜进小楼，在嘉庆帝身上炸开，嘉庆帝当即触电毙命。

传说嘉庆帝被雷击烧焦，面目全非，已经无法收殓入棺，如果事实曝光，无疑是宫廷的最大丑闻。于是，大臣们商定了个办法，将一个相貌体态与嘉庆帝相似的太监秘密绞死，再盛装打扮，真皇帝骸骨放在棺材底部，上面平躺着假皇帝的尸体，以此掩人耳目，运回北京，祭葬了事。

民间流传嘉庆帝是被雷击而死亡，缺乏确凿证据，也缺乏历史记载，对于嘉庆帝的死，官方记载是病死的。至于何病，没有详细记载，专家认为，很可能是猝发心血管疾病而死。有史料记载，嘉庆帝身体一向健壮，中年以后开始发胖，这一点对血压和心脏极为不利。

事实上，嘉庆帝在清朝的皇帝中确实也算是比较倒霉的一个。上文讲到，他当皇帝时，曾遭遇刺客，险些丧命。他当皇帝时，起义者曾一度攻进皇宫，在城楼上插反旗，直逼皇后住所，意欲捣毁金銮殿。

清朝最不幸的皇帝——清文宗奕詝

清文宗爱新觉罗·奕詝即咸丰帝，道光帝的第四子，生母是孝全成皇后。奕詝在二十岁时继承大统称帝，在位十一年，被后人诟病，称其为无远见、无胆识、无才能、无作为的"四无"皇帝。

面对国库空虚、军政废弛、吏治腐败、百姓骚乱、列强肆虐的烂摊子，他一筹莫展，后来索性沉迷于声色犬马，纵欲自戕只求速死。咸丰帝早逝，终年三十一岁，死后葬于定陵。

清文宗奕詝画像

咸丰帝为何被称为清朝最不幸的皇帝

奕詝继位后，重用汉臣，严惩贪腐，大力改革，其力度甚至超过了嘉庆帝、道光帝。但是，这样的光景没能持续几年，面对江山社稷越治越坏的情形，他也心灰意冷地躲进了温柔乡，最终不仅没能挽救清朝的衰落，而且自己三十一岁便一命呜呼、英年早逝了。

从个人际遇来看，在清朝历代帝王之中，咸丰帝确实是最不幸的皇帝：中国历史上最大的农民起义太平天国运动让他赶上了，西方列强入侵中国的"三千年未有之大变局"让他赶上了，中国几千年封建社会的没落也让他赶上了。他驾驭的又是一条已经航行了两百年的千疮百孔的破船。他无处回避，责无旁贷又无力回天，为此痛心疾首，抱恨终天。

咸丰帝在位期间，清朝积累了两百多年的矛盾终于迎来了大爆发，咸丰帝一个人把大清朝列祖列宗的苦难都承受了，一生短暂，备尝艰辛，自打继位开始，太平天国运动就深深地困扰着他，倾全国之力，依然未见胜利的曙光；而后遭遇第二次鸦片战争的打击，咸丰帝心理上的巨大压力、心灵上的备受煎熬、心力的愈加憔悴，终于使他崩溃了，以三十岁的年龄命丧热河。

当清王朝终于挺过这一系列打击之后，洋务运动开展起来，中国逐渐融入世界的洪流，清朝总算度过了乾隆帝晚年以来的统治危机，迎来了一场枯木逢春的"同光中兴"。然而，这样的奇迹，咸丰帝却没能等到，他实在是一位"苦命"的皇帝。

咸丰帝即位疑云

咸丰登基虽不见刀光剑影，但其中隐含着一个鲜为人知的秘密。历史上对咸丰称帝的记载有几个不同的版本。

道光帝共有后妃二十多人，先后给他生了九个皇子和十个公主。其中长子奕纬死于道光十一年（1831 年），终年二十三岁；二子奕纲、三子奕继也过早夭折；四子奕詝则生于长子奕纬死后的两个月；五子过继给嘉庆帝的第三子绵恺为嗣，袭郡王位；六子奕诉，是诸皇子中颇受道光宠爱的一个。其余七子、八子和九子，都在道光晚年出生，年幼无知。

道光帝建储较晚，并没有按照清朝惯例，在即位后立马着手秘密建储。他为什么没有立长子奕纬为嗣君，至今仍是一个无法解开的谜团。道光十一年后，随着奕纬的过世，几个小皇子的出生，道光才面临建储这个本应早就解决的问题，在剩下的几个皇子中，道光帝最看重的是皇四子奕詝和皇六子奕䜣。

奕䜣生于道光十二年，母亲是道光妃博尔济吉特氏。奕䜣六岁时，道光帝便专门为他配备了老师进行正规教育。奕䜣在众皇子中与皇四子奕詝关系最为密切，两人仅差一岁，同在上书房读书，同接受武艺教育，兄弟感情笃深。奕詝也六岁入学，道光为他挑选的老师是以公忠正直著称的杜受田。

道光二十年（1840年），奕詝的母亲钮祜禄氏因病去世，才十岁的奕詝由奕䜣的母亲博尔济吉特氏抚养，此后，两兄弟天天生活在一起。两人好学钻研，经史子集张口就来，模仿前人写几句古诗也像模像样。两人天天一起练习武艺，奕䜣还在武林高手的指导下创制出枪法二十八式，刀法十八式。道光见此万分欣喜，特地赐其枪为"棣华协力"，并赐其刀为"宝锷宣威"，同时还把自己的一把白虹刀送给他作为礼物。

道光后期，一考虑到立储问题，他的眼光就停留在奕詝和奕䜣两人身上，但又踌躇不决。因为论文武韬略，奕䜣在奕詝之上；而论人品，奕詝品行端正，且又是长子。道光为此左右为难，犹豫不决。

正当道光帝犹豫不决的时候，发生了一件事，两个皇子的不同表现使道光帝做了最后定夺。

《清史稿》中记载，道光晚年的一天，南苑校猎，道光带了众皇子到南苑骑马奔驰。众皇子也想借此机会在父皇面前好好表现一番，以显示自己高强的武艺。奕䜣从小擅长刀枪射箭，今天为了在父亲面前展示自

奕䜣

己的特长，更是使出浑身解数勇猛冲锋，箭无虚发。校猎结束后，诸皇子在道光帝面前纷纷出示自己的战绩，奕詝却不慌不忙地答道："父皇，现在是万物苏醒的春天，鸟兽开始繁衍孕育，我不忍心伤害这些生灵，来违反万物的生长规律。"奕詝的这番言论，深合道光帝的传统和标准，使道光帝心中赞叹。

另一种说法在清人笔记中记载，奕詝的老师是杜受田，奕䜣的老师是卓秉恬。道光晚年生病时，有一天想召见二位皇子，打算通过最后考察以决定把皇位传给谁。两位皇子也知道即位已到最后关头，于是问计于自己的老师该如何表现。卓秉恬让奕䜣知无不言，言无不尽。因为奕䜣人很聪敏，反应也快，知识丰富，他完全可以凭借自己的才华压倒奕詝。

而杜受田在分析了两位皇子的实际情况后，提议让皇四子奕詝扬长避短，用自己的特长来使道光产生好感，而这个特长就是仁义道德。因此他让奕詝什么也不用说，只要一个劲地伏跪流泪，表现出对父皇的孺慕之思。果然，奕詝这样做了，道光心里很高兴，认为奕詝实在仁孝，于是便决定将皇位传给奕詝。

此外，还有一种说法，就是道光最初已立奕䜣为储，但后来又改变了。《清稗类钞》中记载，道光晚年倦于政事，就想到了要立皇储。他见皇子中奕䜣最为成皇后宠爱，所以打算立他为储。他事先写好了奕䜣的名字，放置在乾清宫正大光明匾后。有一个太监在旁边偷偷看着道光写字的样子，见到最后一笔特别长，就怀疑道光写的名字就是奕䜣。太监将这件事讲给大家听，道光立奕䜣为储的消息就传开了。道光听到后，十分气恼，就把铁盒重新取下来，更换了奕詝的名字。

道光二十六年（1846 年）六月十六日，道光帝正式秘密立储。他在一张四折纸上用红笔以满汉文字合写下"皇四子奕詝立为皇太子"，同时又以汉字写下"皇六子奕䜣封为恭亲王"。写完后，道光帝用两层颜色略有深浅的黄纸包好。这件大事做好后，道光帝又写了遗谕两份，交代身后事。道光帝将立储御书和遗谕分别密封在两个匣子内。

装有道光帝的立储遗书和遗谕的两个匣子至今仍保存着，它们是国内目前发现的唯一可窥见清代秘密立储制度的实物。道光之后的皇帝，已不再有机会秘密立储了。

　　道光三十年正月十四日，道光帝即将走完他的人生，他在圆明园召见了大臣载垣、端华、僧格林沁等人，让总管内务府大臣文庆等在众大臣面前打开小匣子，宣示御书、遗谕，同时宣示了一份道光帝的亲笔朱谕。道光帝去世后，奕詝登基称帝，改年号为咸丰。

帝王秘史

传说死于恶疾的皇帝——清穆宗载淳

清穆宗爱新觉罗·载淳即同治帝，生母为孝钦显皇后叶赫那拉氏（即慈禧太后）。

载淳六岁登基，起初拟定年号为"祺祥"，慈禧与顾命八大臣争权，发动了辛酉政变，慈禧成功夺权，改年号为"同治"，与慈安并尊为皇太后，实行垂帘听政。

清穆宗载淳画像

慈禧贪权，无暇顾及儿子，导致母子关系不和。载淳沉迷于八大胡同、烟花柳巷之所，年仅十九岁便驾崩，死后葬于河北省遵化清东陵之惠陵。

同治皇帝年号的由来

咸丰十一年（1861年）七月，咸丰皇帝在热河承德避暑山庄病危，特封怡亲王载垣、郑亲王端华、协办大学士肃顺、御前大臣景寿、军机大臣兵部尚书穆荫、吏部左侍郎匡源、礼部右侍郎杜翰（咸丰帝老师杜受田之子）、太仆寺少卿焦祐瀛等八人为顾命八大臣，协助处理国事。

不久，咸丰帝病死，顾命八大臣遵从遗诏，拥立年仅六岁的载淳为帝，拟定次年改元为"祺祥"。"祺祥"就是吉祥的意思，是由肃顺拟定的。可是，"祺祥"这个年号还没有正式使用，清廷内部就发生了一场重大的夺权斗争。

原来在咸丰帝生前，肃顺等人很受信任，权力极大，这使得载淳的生母叶赫那拉氏十分不满。载淳继位后，肃顺等人以顾命八大臣的名义掌握大权，执掌朝政，钮祜禄氏和叶赫那拉氏分别被尊奉为慈安皇太后和慈禧皇太后。

慈禧明白，要想同肃顺等人争夺大权，就必须先征得慈安的支持，于是便向慈安提出了执政的事。慈安性格温和，对权力也没有那样大的兴趣，但面对肃顺等人的专横，她还是同意了慈禧的请求，并建议联合咸丰帝的弟弟——恭亲王奕䜣。

咸丰帝死后，肃顺等人传旨，命奕䜣留京办事，不必前来热河办理丧事。这使得本来就心存不满的奕䜣更加生气，肃顺也因此成为八大臣的冤家对头。

奕䜣在得到两宫皇太后的通知后，于8月1日到达热河并抓紧和两宫皇太后密谋政变事宜。慈禧为了摆脱肃顺等人的控制，坚持回京。而肃顺等人因为小看了慈禧这个女人，竟然同意回京。9月23日，小皇帝载淳恭奉咸丰帝的梓宫启程回京，9月29日到京。慈禧见奕䜣等人已准备就绪，立即于9月30日颁布谕旨，将载垣、端华、肃顺、景寿、穆荫、匡源、杜翰、焦祐瀛等顾命八大臣解职拿问。10月6日，慈禧颁布上谕，赐载垣、端华自尽，肃顺斩立决，其余五人革

慈禧

职流放。

这样，慈禧等人以迅雷不及掩耳之势一举击垮了肃顺等人的势力，这就是史上有名的"辛酉政变"，也称"祺祥政变"。

10月9日，载淳在太和殿正式继位，而在热河时颁布的年号"祺祥"并未实施。回京后，朝政变迁，有人提议更改年号，慈禧便命王公大臣商议。最终，慈禧采纳了大学士周祖培的奏议，废止"祺祥"年号，改用"同治"年号。"同治"，表示两宫太后临朝同治之意，或者说两宫太后与众大臣共理朝政之意。

慈禧特颁谕旨，以明年为同治元年，并命停铸"祺祥"钱，改铸"同治"钱币。此后不久，王公大臣又制定了垂帘章程，经两宫皇太后批准执行。11月1日，两宫皇太后和小皇帝共到养心殿，接受众臣的朝拜，从此正式进入了两宫皇太后"垂帘听政"时期。

同治帝是死于天花，还是死于恶疾

同治帝是幸运的，尽管还"读不通一个奏折"，可上百年的祖宗基业都是他的；虽然在政治上无所作为，却博得了"同治中兴"的雅誉。同时，他又是不幸的，只不过是母亲操纵下的一个傀儡，空有皇帝的头衔；虽然他也曾胸怀抱负，想一展宏图，却得不到母亲的允许。

慈安的爱是柔软的，这给了年幼的同治帝最大的安全感，可当同治帝长大后，他需要的不再是安全感，而是一种更高层次的追求——仰望的对象。宫廷内外，母亲慈禧是最高的权威。同治帝也曾仰望过她，可母亲对他更多的是指责和批评。同治帝多想引起她的注意，可她每次都来去匆匆。他发现，只有当他犯错时，才能从母亲的眼睛里看见自己，母亲也才会真正像个母亲一样俯下身来同他说话。

于是，他开始成为一台麻烦制造机，试图引起母亲的注意。这无疑是一个错误的想法，可慈禧的行为却助长了这种观念的蔓延……

同治三年（1864 年），同治帝读书事宜的管理者惠亲王绵愉过世，同治帝的伴读也换成了恭亲王奕䜣的儿子载澄。

载澄比同治帝大十几岁，是一个名副其实的纨绔子弟，而且满脑子的卑鄙龌龊之事，已是风月场所的常客。因此，所谓的"伴读"很快就变成了"伴游"。

载澄把从宫外搜罗到的闺房画偷偷带给同治帝，刚满十岁的同治年纪虽小，但已有了朦胧认识，如今被他这么一诱惑，恨不能立马飞出宫去。

此后，载澄带着同治帝，常常夜间出宫，穿六街过三市，来到京城最热闹的八大胡同。八大胡同是当时有名的烟花柳巷。

不过同治帝还是有担忧的，那就是担心碰到王公大臣。做了四年的傀儡皇帝，虽然啥事也没干，但天天金銮殿上像木头一样坐着，底下的臣子早把自己这张脸给看熟透了。身为一国之君，且又未到婚配年龄，在这种场合与臣子碰面岂不是颜面尽失？

所以，那些有名场所他都避而远之，专挑一些冷僻的场所。姑娘们见这位小爷还是个孩子，衣着打扮却是一身贵气，料想必是一棵摇钱树，也就不问出处，只管尽心服侍。

同治帝每天天还没亮就得回宫，照例早朝，然后向两宫太后请安。时间久了，姑娘们渐渐知道了他的身份，只是不点破，唯恐这出手阔绰的爷一去不返，把他服侍得舒舒服服。

几个月过去了，两位太后对此事却毫无察觉。慈安向来不管事，对儿子又是万般宠溺，因此被蒙在鼓里；而慈禧一心享受独断天下的最高权力，对儿子更是无暇顾及。

但世上没有不透风的墙，事实上，同治帝微服出游的事，大臣们都心里有数，只不过瞒着两宫太后罢了。一些苦于没有门路的投机大臣正愁找不着机会，听说同治帝夜里经常在八大胡同的小巷里，便开始蹲点守候，等待着一场"不期而遇"。

帝王秘史

一天，同治帝闲逛街市，见一貌美少妇，衣着透薄，暗送秋波。风月场中玩久了，同治帝一看便知是什么人，便笑着上前搭讪。少妇假装羞涩，媚笑着退避到一旁的房子里去，同治帝像是被勾了魂似的急忙跟了进去……一阵缠绵过后，同治帝穿戴好准备打道回宫，在门口竟然撞见了一个大臣——翰林院侍读王庆祺，原来王庆祺早就策划好这出"不期而遇"了。

君臣相见，先是一阵错愕，紧接着王庆祺急忙准备下跪，同治帝连忙摆手免礼。此后，同治帝出游八大胡同时便又多了一个伴。而王庆祺没有同治帝那么多忌讳，为了讨好主子，便公然当起了掮客，同治也更加流连忘返，沉醉其间。

恭亲王奕䜣得知同治帝微服出游的事后痛心疾首，他认为都是自己儿子惹的祸，一气之下把载澄打了个半死，并请求两宫太后撤了他伴读的资格，从此关在房内不准出门。此时的载澄因在风月场中厮混，早已染上了恶疾，恭亲王得知后又气又恨，更加嫌弃。儿子病入膏肓，他宁愿独自流泪，也不想对载澄瞧上一眼，还下令家人不许靠近。

同治帝越来越肆无忌惮地出游，大臣们实在忍无可忍，纷纷上折劝同治收心。同治帝恼羞成怒，当场咆哮，竟吓得大学士文祥晕倒在地，召见也草草收场。

此事传到了两宫太后耳里，两宫太后得知消息先是惊诧，继而竟不以为意。慈安一贯做好人，只是劝同治帝爱惜龙体；而一向严厉的慈禧只当耳旁风，甚至心中暗喜：同治帝荒废政事、失去民心之时，她便可以"众望所归"地重掌朝政了。

同治帝的放浪形骸很快受到了惩罚，出现了轻微的症状，可他不以为意，也羞于启齿，仍旧周旋于皇宫和花街柳巷。大约过了三周，病毒已经侵入了他的五脏六腑。

直到同治十三年（1874 年）十月的一天，同治帝驾游西苑时着了凉，开始只是身体不适，一两天后病情加重，竟然卧床不起。太医全体出动，集体会诊，可各执一词，难下定论，但是病情却在不断恶化。

十天后的一个午后，同治帝的病情突然加重，浑身酸软，头晕发热，身上布满了红疹。慈禧大惊失色：难道是天花？顺治帝因得了天花而早逝，康熙帝因得过天花而被选为皇嗣，大清朝对天花已经产生了强烈的恐慌心理。太医不敢言明，其实他们早就明白，这是比天花更为可怕的病。

慈禧下令以治天花的药物治疗，同治帝怒骂，御医沉默，却只得照慈禧的命令行事。皇宫不会把这种令大清国蒙羞的事公之于众，两宫太后只对外宣称同治帝得了天花。

此时的同治帝已无力处理朝政，权衡再三后，准备将大权完全移交给帝师李鸿藻和恭亲王奕䜣，但李鸿藻和奕䜣深知处境危险，为防引火烧身，都选择了谦退，一时出现权力真空。退居幕后达一年之久的慈禧早已按捺不住内心的喜悦，她不会坐视大权旁落，她要揭开帷幕走到前台，二度垂帘听政。

十一月初八，两宫太后在同治帝御榻前召见了军机大臣和御前大臣，慈禧秉烛让大臣们瞻仰圣颜：同治帝容颜憔悴，目光黯淡，身上布满红色斑点。于是，所有大臣都明白了一个事实：同治帝的病在短期内是治愈不了的。从同治帝寝宫出来，两宫太后请大臣们就政事裁决拿个妥当主意。大臣们心领神会，一齐请求太后以天下为重，再度垂帘听政。慈禧暗喜，一切如她所愿，跟儿子争了一年多的皇权如今再次回到了她的手中。

十一月二十日，同治帝的病情似乎得到了缓解，红疹逐渐消失，溃烂处也开始结痂脱落，但太医称"余毒未尽"。同治帝依然动弹不得，全身剧痛，腰腹部红肿，不久病情来得更加凶猛，肿处溃烂，溃烂处越来越多，脓血流出体外，恶臭渐

李鸿藻

帝王秘史

渐散布整个宫殿。太医们用"外用拔毒膏"反复擦拭，脓肿处不断增多，不断扩大，从腰腹到四肢，到头部……毒性蔓延全身，脓肿也随之蔓延全身。

在弥留之际，同治帝想立下遗诏，选定接班人，同时保护皇后安全，他把唯一的希望寄托在了帝师李鸿藻的身上，可惜胆小怕事的李鸿藻终究还是选择了背叛，他将草拟好的遗诏交给了慈禧……

第二天，所有的宫娥太监都撤出了乾清宫，同治帝的御榻边上没了服侍，一日三餐不再有人供应。原来，慈禧下令切断了同治帝的一切医药饮食，并令所有人员撤出乾清宫，没有她的命令不得接触同治帝，就连慈安也无法干涉。

只熬了一天的同治帝便怀着无限悔恨驾崩了。死时的同治帝，活像一个烂透了的苹果，千疮百孔，满目疮痍。

被"亲爸爸"放弃的孩子
——清德宗载湉

清德宗爱新觉罗·载湉即光绪帝，在位三十四年。父亲为醇亲王奕譞，生母叶赫那拉·婉贞是慈禧皇太后的亲妹。

光绪帝虽身为帝王，却手无实权；虽救国心切，却一生不得志。短暂的百日维新，使光绪帝永远地被困在了瀛台，如惊弓之鸟，在慈禧太后临死前一天，光绪帝也暴毙，终年三十八岁，死后葬于清西陵之崇陵。

清德宗载湉画像

光绪皇帝为何称慈禧为"亲爸爸"

光绪帝幼年被慈禧抱进皇宫当上皇帝，可是他与慈禧之间的关系却一直很紧张。在当皇帝的这几年里，光绪帝所经受的来自慈禧的压力也难以想象。这从他对慈禧的称呼上便可见一斑。

光绪帝不称慈禧为"皇太后"，也不叫"老佛爷"，更不按满洲习

俗喊"阿玛""额娘"，而是称之为"亲爸爸"，并且还特别强调一个"亲"字。光绪帝为什么要这么称呼慈禧呢？

慈禧立四岁的载湉为帝，着实费了一番周折，而她如此安排，目的只是为了能够更长时间地拥有最高权力。另外，小皇帝总会长大，因此，慈禧便尽力在小皇帝面前树立至高无上的权威，令小皇帝心生畏惧，成为彻头彻尾的傀儡。

慈禧对光绪十分严厉，对他苛刻而冷酷，光绪帝每天早晚必须去给慈禧请安，慈禧不让起身就一直跪着，强迫他对自己言听计从。稍有不顺就罚跪不起，在身体和精神上给他施加很大的压力。光绪帝从四岁开始，就在慈禧的控制之下生活。作为皇帝，他却一点也不自由，甚至连与亲生父母见面都成了一种奢望。他的亲生母亲——慈禧太后的亲妹、醇亲王福晋也只能暗自垂泪，忍受骨肉分离之苦。

光绪帝的一切行动都必须按照规矩行事，听命于慈禧，但即使这样，慈禧还是有很多不满意的地方。比如每天请安，这成了光绪帝最苦恼的一件事。因为他每次请安，对慈禧说"皇太后吉祥"的时候，得到的总是慈禧的一声冷哼，有时甚至是一顿无名火。为此，光绪帝战战兢兢，却百思不得其解。

又一次请安时，光绪帝刚说出"皇太后吉祥"，慈禧的脸一下子拉了下来，一副山雨欲来的样子，光绪帝吓得手足无措。幸好，慈禧没有动怒，冷漠地问了几句便让他回去了。

退出来以后，慈禧身边的太监李莲英悄悄走到光绪帝旁边，对他说："奴才有些话想说，请皇上恕奴才无罪。"光绪帝哪里惹得起这个大太监，忙恕他无罪，请他直言。李莲英说："不知皇上您发现没有，老佛爷听到您喊她皇太后的时候，总是一脸不高兴，或许您该换个称呼了。"光绪帝愁闷不解，问他如何是好，李莲英便告诉他应该喊"亲爸爸"。光绪帝听了虽觉得别扭，但他知道李莲英是慈禧肚子里的蛔虫，听他的不会有错。

第二天请安，光绪帝硬着头皮喊了一声"亲爸爸吉祥"。慈禧听了，

眉开眼笑，竟拉着光绪帝坐在身边谈话。此后，光绪帝对慈禧就以"亲爸爸"相称了。

慈禧为什么会喜欢光绪帝称她为"亲爸爸"呢？也许这是一种政治和心理感情的需要。

中国封建社会"重男轻女"的思想一直传袭，女子只能作为男子的附庸。在中国传统的"宗法制""家长制"的影响下，人们对男子的权力是尊崇的，天下最尊崇的男人是皇帝，皇帝的话是金口玉言。

慈禧是一个女性统治者，虽然以太后相称，事实上与女皇无异。同治帝和光绪帝都是她手中的傀儡皇帝，她是掌握他们命运的"太上皇"。她有着这样的实际地位，自然希望也有类似于男性的称呼，所以，奴才们称她为"老佛爷"，光绪帝喊她为"亲爸爸"，有了这样的称呼，她似乎真的获得了男人的地位和尊严，在心理上真的成为太上皇，作为女人的自卑得到了安慰和满足。在男权社会里，她的这种希望不难理解。

而叫"爸爸"不够，还要加上一个"亲"字，这也是为了弥补光绪与慈禧之间尴尬的关系。慈禧曾说："光绪皇帝的父亲就是醇亲王，他的母亲是我的妹妹，我妹妹的儿子，就跟我亲生的一样。"让天下最尊贵的男人叫自己"亲爸爸"，这无疑在告诫光绪帝：你要老老实实地听我的话。我不仅是你的长辈，更是你心目中爸爸一样地位的人。同时也向天下臣民表明她的地位高于皇帝，是大清国天经地义的统治者，她的权力是至高无上的。

光绪帝与慈禧的死只隔了一天是巧合吗

光绪帝在 1875 年至 1908 年间是名义上的最高统治者，但实际权力一直掌握在慈禧手中。光绪三十四年，年仅三十八岁的光绪帝暴崩，仅仅二十个小时后，慈禧也安然去世。这两个人的死，留下了太多解不开

的谜。百年来，围绕光绪帝的死因，众说纷纭。

光绪二十七年十一月二十八日，疲于奔命的慈禧带着光绪帝回到了阔别一年半的紫禁城。宫中尚未受到太大的破坏，留守的宫眷们也都平安无事，慈禧算是长舒了一口气。她一面与前来请安的后宫嫔妃们夸夸其谈，一面令人立即把光绪帝安排到瀛台居住。

回宫后的几天，光绪帝和慈禧都十分忙碌，尤其是光绪帝，既要到庙宇拈香行礼，答谢祖宗庇佑；又要接见外国公使，为慈禧当初攻打使馆的行为致歉。

此时的光绪帝虽然摆脱了被废黜的危险，但傀儡的命运一直没有改变。而对于逃难所蒙受的耻辱，光绪帝也一刻不敢遗忘。八国联军进犯北京之时，大前门毁于炮火之中，慈禧回銮不久便跟大臣们商议修复事宜，光绪帝曾建议"留此残败之迹，为我上下儆惕之资"，但被慈禧拒绝。另外，光绪帝在瀛台的卧室里挂着一件破烂不堪的小褂，一次太监要拿去清洗，光绪帝连忙阻止道："此乃自陕至京，数月不换之小褂，与我患难相依，故留为纪念。"

忙活了个把月后，各方面逐渐走上正轨，光绪帝也清闲了下来，除了陪慈禧临朝听政呆坐着之外，他在瀛台有打发不尽的寂寞时光。

为了打发时间，发泄烦闷，光绪帝向掌管宫廷演出活动的升平署要去了锣鼓，在瀛台敲打。此外，他将大部分时间用于学习、写日记，他的书案上摆满了《四库全书提要》《贞观政要》《太平御览》《大学衍义》等各类书籍。同时，他还学起了英语。慈禧通过耳目得知光绪帝在学习英语，竟一时心血来潮也要学习，但连二十六个字母都还未掌握就知难而退了。

光绪帝麻木、孤单地在瀛台上过着寂寞清苦的生活，旁边总跟着负有监视之责的太监，他也没人可以倾诉。这样的日子，即使每天读书写字给心灵充电，也熨不平他一筹莫展的心情。

光绪帝的生活是郁闷的，而慈禧的日子也开心不到哪儿去。毕竟慈禧已经年近七十，担忧着来日无多，自然也心情不佳，而且，继李鸿章去世之后，她的宠臣荣禄也于光绪二十九年去世了。慈禧痛哭流涕，把弟弟桂祥骂了个狗血淋头，因为她认为是桂祥推荐的医生不称职，因而迁怒于桂祥。荣禄死后，慈禧一下子又苍老了许多，心情也黯淡了许多。

年近七十古来稀，在人均寿命不长的清朝，七十岁的慈禧已算是风烛残年了，因此光绪帝的价值此时开始被朝中的实力派重估；另外，一帮年轻的亲贵也已长大成人，如醇亲王载沣、恭亲王溥伟、肃亲王善耆等，出于年龄相近等缘由，他们跟光绪帝越走越近。

对于这些，慈禧当然会有警觉。一次，光绪帝的异母弟载涛派太监进宫给慈禧进贡食物，同时嘱咐他顺路去探望光绪帝。慈禧得知后，十分紧张，生怕光绪帝会捎出什么话，所以立即派人前往载涛府邸捉拿那位太监。

内务府上门拿人，载涛以没有皇上旨意为由，不让进府拿人，还破口大骂，威胁恐吓，甚至一度准备动手。最后内务府"强制执行"，载涛被侍卫死死架住，太监被带走，遭到严刑拷问。由于太监坚持咬定没有替光绪帝捎话，最后竟被活活打死。

此时的载涛还不到二十岁，慈禧不担心他会有什么出格的打算，但慈禧认为，载涛之所以敢气势汹汹，无疑是认为有皇上做靠山，这让慈禧感到担忧。

其实，此时的肃亲王善耆也已有了一个惊天大计划——一旦慈禧寿终正寝，立即拥戴光绪帝当政。为此，他借举行新政的机会成立一支消防队，练习爬墙上房，并且按军队模式，每天按时出操，配备新式洋枪。善耆计划一旦有事，立即以救火为名前往瀛台，救出光绪帝。有亲信提醒过他，等到老佛爷咽气再动手恐怕为时已晚，但善耆还是不敢轻举妄动，只得焦急地静观其变。

然而，就在各方面都在有条不紊地暗中策划之际，一场突如其来的变故将众人淹没在一片措手不及的慌乱之中——光绪三十四年（1908年）十月二十一日傍晚，光绪帝在中南海瀛台的涵元殿暴崩，终年三十八

岁！十月二十二日午后，慈禧暴崩，终年七十四岁！

噩耗公布，天下震惊。为什么年轻的光绪帝反而死在了慈禧之前？为什么母子二人相继逝世竟只隔了一天？世上真有如此蹊跷的事儿？

近百年来，围绕光绪帝的死，众说纷纭，但主要有两种说法：谋杀说和正常死亡说。

光绪帝自幼体弱多病，而且一生政治失意，感情失落，心情压抑。尤其是戊戌政变以来，一直处于孤立无助的软禁状态，面对随时可能有的生命危险，担惊受怕，再加上珍妃之死更令他精神崩溃。

据历史记载，从光绪三十四年初夏起，光绪帝的病情迅速恶化，御医、名医均束手无策，只能不求有功、但求无过地敷衍着。十月十六日，光绪帝与慈禧最后一次召见大臣，他病恹恹地斜倚在宝座上，身后垫满了枕头，说话声音极小，只有短短的几句话，一旁的慈禧也是一脸病态。此后，光绪帝再没有离开过病榻，从十九日起，已经不能再进食。

据《清德宗实录》记载，在光绪帝逝世前一天，慈禧授予光绪帝异母弟醇亲王载沣"摄政王"的职位，并将其长子溥仪接到宫中教养。光绪帝一咽气，慈禧立即宣布由溥仪继承同治帝，兼祧光绪帝，为清朝新一代君主。溥仪为帝，载沣摄政，实际上他们全是慈禧的傀儡，朝政大权依然掌握在慈禧手中。

由此可见，慈禧此时不仅对自己的生命力依然乐观，权力欲也丝毫没有衰减。然而，就在慈禧做出这一系列决定的第二天，她走到了生命的尽头。

长期以来，中国史学界的主流意见倾向光绪帝死于谋杀。如果光绪帝死于谋杀，那主谋基本可以断定是慈禧，因为倘若没有她的指使，一般人不仅没有条件，也没有胆量下这种毒手。但应该强调，谋杀说还只是推断，并无过硬的证据做支撑。

最后的帝王——溥仪

爱新觉罗·溥仪即宣统帝，清朝末代皇帝，也是中国历史上最后一位皇帝。醇亲王奕譞之孙，载沣长子。

溥仪一生跌宕，先后有三次称帝，但又很快下台，而他则戏称自己"四次称帝"。1967 年 10 月 17 日，溥仪因肾癌在北京逝世，享年六十一岁。死后骨灰寄存于八宝山，后迁至清西陵。

溥仪幼年照片

溥仪为何戏称自己"四次称帝"

光绪帝临终前一天，慈禧下旨："由醇亲王载沣的大儿子溥仪入承皇位，承继同治帝为嗣，同时兼承光绪帝为嗣。"随后，慈禧又封醇亲王载沣为摄政王。

光绪帝一生没有留下子嗣，而爱新觉罗·溥仪之所以能被慈禧选为新的皇帝，是因为溥仪的祖父的嫡福晋叶赫那拉氏是慈禧的胞妹，同时

溥仪的母亲也是慈禧的养女，可见慈禧之用心。

溥仪将即皇位的消息传到醇亲王府后，醇亲王载沣家顿时就乱成了一团。面对哥哥光绪帝载湉悲惨的一生，载沣对儿子溥仪今后的命运感到十分担忧，而年幼的溥仪更是连哭带闹，不想离家。

不过该进行的还是照样进行，由不得个人感情。1908 年 12 月 2 日，年仅三岁的溥仪在紫禁城太和殿正式登基，由隆裕太后和父亲载沣摄政，第二年改年号为"宣统"。

1911 年 10 月 10 日，辛亥革命爆发，袁世凯见夺权在即，便以向南方进攻有困难为由，暗中密奏隆裕太后，提议清帝"禅位"，以顺民心。隆裕太后召集御前会议，最后被迫答应了袁世凯。

1912 年（宣统三年，民国元年）2 月 12 日，隆裕太后代表宣统帝溥仪正式颁布了《退位诏书》。溥仪退位后，根据当时协议的清室优待条件，"皇帝"尊号保持不变，仍在紫禁城中生活。当时虽有很多人想复辟清室，可惜多没有实力，于是联合推举张勋进行复辟。

1917 年 6 月 14 日，张勋率领五千"辫子军"，将当时的"中华民国"大总统黎元洪赶下了台。7 月 1 日，张勋宣布复辟，十二岁的溥仪再次坐上了乾清宫的御座。

张勋复辟引来了全国的一片反对、叫骂声，段祺瑞立即在北京成立了讨逆军，讨伐张勋，再造共和。张勋的"辫子军"在讨逆军的攻击下，很快溃不成军，纷纷割下脑袋上的辫子逃窜了，张勋本人也狼狈地躲进了荷兰使馆。溥仪只得再次宣布退位，继续在紫禁城的后宫中当着他的关门皇帝。这次复辟只持续了短短的十二天。

1924 年，冯玉祥进逼北京，将溥仪赶出了紫禁城。溥仪离开紫禁城后，便潜逃天津。溥仪被逼离开紫禁城后，日本人看到了大好时机，便一心想扶持溥仪在东北建立伪满洲国，企图分裂中国。于是，日本各大报纸陆续刊登同情溥仪的文章，为日后日本在我国东北建立伪满洲国造势。

1932 年 3 月 1 日，日本人在东北把溥仪扶上了伪满洲国的皇位，定年号为"大同"。1934年改国号为"满洲帝国",改年号为"康德"。"康德"是康熙和德宗光绪的缩称,意在纪念这两位清朝皇帝,并寄托了继承清朝基业的愿望。

1945年8月15日,日本战败投降,溥仪再次被迫颁布"退位诏书"。第二次世界大战结束后,溥仪成为战犯,在苏联监禁了五年,又于1950年在抚顺的战犯管理所接受了将近十年的"革命教育"与"思想改造"。

1959年9月14日,毛泽东提出了特赦战犯的建议,并在第二届全国人民代表大会常务委员会第九次会议上通过了关于特赦确实改恶从善的战犯的决定,随后,刘少奇发布了特赦令:"该犯关押已经满十年,在关押期间,经过劳动改造和思想教育,已经有确实改恶从善的表现,符合特赦令第一条的规定,予以释放。"从此,溥仪成为中华人民共和国一位公民。

1959年12月9日,已经五十岁的溥仪从抚顺回到了北京。此时的溥仪,已经很少有人能认出这就是当年的宣统皇帝了。

后来,在一次接受外国记者采访时,溥仪幽默地说道:"我曾经做了四次皇帝。第一次是三岁时继承先人的皇位。第二次是1917年,张勋在北京复辟,拥戴我做了十天的皇帝。第三次是1932年,日本人在东北把我扶上了伪满洲国的皇位,这一幕在1945年结束。第四次当皇帝,是在前年,我成为中华人民共和国的公民,获得了选举和被选举的全部权利。现在我同其他中国人民一样,是一个'集体皇帝'。"

醇亲王载沣、溥仪(右立)、溥杰

溥仪盗宝，古董换馒头

古人云："君子佩玉，小人藏刀，凡人藏钱，富人藏宝，雅人藏书。"如今的故宫博物院以三大馆闻名于世——古物馆、图书馆、文献馆。其中，古物馆收藏宫中珍宝，图书馆收藏宫中古书，文献馆收藏宫中档案。

宫廷舆图和古书，是历代宫中的重要珍藏，关乎一个朝代的兴衰成败，也是每一个以文化人自居的皇帝十分重视的珍品。

逊帝溥仪虽不爱读书，可对这些书却情有独钟。从1922年7月13日起，他用了三个多月的时间，以赏赐自己弟弟溥杰的名义，将宫中大量的秘籍、珍宝盗窃出宫。从珍贵的宋、元版善本书下手，总共盗出历代书画手卷1285件，册页68件。

经过不断地"赏赐"，清宫原藏书画卷已基本被洗劫一空，册子所剩者也极为有限。

江山秋色图

溥杰兄弟从宫中运出的书画、古籍和珠宝，都运到了溥仪父亲载沣的醇王府中。随后，他们将宫中宝物装入七八十口大箱，通过铁路运往在天津英租界事先买好的洋房里。

溥仪被逐出紫禁城后，先回到醇王府，不久就躲进了日本驻华公使馆，然后于1925年2月23日，在日本警察的护送下，偷偷潜到了天津，在张园里安顿下来。

九一八事变后，日本军国主义分子请溥仪充任伪满洲国傀儡皇帝，于是暂存在天津的国宝一同被偷运到了长春伪皇宫。其中古籍和书画部分，整箱置于伪宫东院的图书楼楼下东间，沉寂了十三年。

不过，在前往东北的路上，溥仪和朝臣们因为没有食物，竟拿这些价值连城的字画、古董跟当地农民换馒头吃，使得大量珍宝流失民间。

1945年8月10日，日本关东军司令将伪满洲国迁往通化，溥仪连忙挑选了几十卷晋、唐、宋、元书法名画和少量明清时精品携逃，其中包括唐周昉《簪花仕女图》、五代黄筌《写生珍禽图》、北宋张择端的《清明上河图》、李公麟《临韦偃牧放图》和赵伯驹《江山秋色图》等。

8月18日晚，溥仪逃往沈阳，随后赶到的东北民族联军第一团收缴了溥仪存放在乡绅家中的大部分物品。8月19日，溥仪一行在沈阳东塔机场乘机逃往日本时，被苏联红军截获，同时截获了其随身携带的书画珍宝。这些珍品后来被转交给中国人民解放军有关部门。

帝王秘史

后宫逸事

放眼看后宫

后宫指君主时代帝王和他的嫔妃所生活的地方，在封建社会，这块禁地，不仅是普通民众，就连高官显贵，恐怕也只有耳闻的份儿。

"白头宫女在，闲坐说玄宗。"对于后宫的情景，我们也只有想象。想象它的"三宫六院七十二妃"，想象它的"后宫佳丽三千人"，想象它是如何选秀女的，想象众多妃嫔是如何钩心斗角的……

如今，故宫就在眼前，后宫也不再是禁地，走近它之前，您是否该先放眼观望一次，总体了解一番？

明清后宫，真有"三宫六院七十二妃"吗

如今，我们经常会听到古代皇帝有"三宫六院七十二妃"的说法，难道古代的皇帝真的有那么多妃子吗？

其实，"三宫六院七十二妃"说法不完全准确，"三宫"和"六院"倒是的确存在的。"三宫"是指乾清宫、交泰殿、坤宁宫；"六院"指的是东西六宫。关于"七十二妃"，则没有相关的文献可查。根据古代人一贯对数字的表达方式，这"七十二妃"也许是个概数，没有具体的意义。

那么，皇帝到底应该有多少个妃子呢？

明朝初年，朱元璋就有很多嫔妃，这导致后宫秩序混乱，乃至干涉朝政，朱元璋也曾整饬，但最后不了了之。明嘉靖帝，曾经有九个载入史册的嫔妃，其妃号分别是贤、淑、庄、敬、惠、顺、康、宁、昭。

到了清康熙年间，康熙帝明确规定了后宫嫔妃的等级：皇后一位，居中宫，主内治；以下依次为皇贵妃一人、贵妃两人、妃四人、嫔六人，分居东西六宫，佐皇后主内治；嫔以下还有贵人、常在、答应三级，没有定数，随居东西各宫，勤修内职。

虽然有了这样的规定，但具体到每位皇帝时，其嫔妃的数目还是不定的。仅清朝入关后十位皇帝的嫔妃数目就不统一，其中康熙帝最多，册封的后妃有六十七人，光绪帝最少，只有三个——隆裕皇后、珍妃和瑾妃。

裕隆皇后

明清时期是如何选秀女的

在封建王朝，上至皇后嫔妃，下至宫廷侍女，都可以称为秀女。那么，您知道清朝宫廷是如何选秀女的吗？

清朝选秀女的地方在皇宫御花园北部的"延辉阁"。在清顺治年间，顺治帝规定，每三年都要进行一次选秀女，凡是旗人出身、年龄十四岁

至十六岁的女子都必须参加选秀，没参加过选秀的，一律不准结婚。

如果第一次参加选秀女没有通过，还得等三年后再参加一次，如果仍没有被选上，那就可以自行出嫁了。

选秀的标准很严格，过程也很漫长。最初为海选，皇上、太后、皇后以及若干女眷都可以当评委。在一众秀女中，被看中的，直接留牌，进入复赛；没被看中的，直接撂牌，淘汰出局。这样的筛选，有很多轮，一般进行到最后，只能留下几个人。在这期间，秀女们还要接受内科、外科等各项体检。

选上秀女的，一部分直接成为皇帝的嫔妃的候选人；一部分则成为皇子、皇孙的福晋，或者亲王、郡王及其子弟的福晋；还有一部分直接成为专门服侍皇上、皇后以及皇子的宫女。这些宫女在皇宫必须要做够五到十年才可以回家，回家后就可以出嫁，在出宫时皇帝会赏赐每人几十两银子，作为"嫁妆"。

秀女入宫后一般封为"答应"，以后逐步晋升。清朝后宫有皇后、皇贵妃、贵妃、妃、嫔、贵人、常在、答应、宫女九个等级。答应的地位仅高于宫女，但还是要承担内宫的劳作。等级不同，穿衣、吃饭、用具、月俸等各方面的待遇差别也很大。

明朝比较特殊，选秀女的过程与其他朝代截然不同，这是因为太祖朱元璋为了防范朝中权臣与后宫勾结，因此多选用没有复杂背景的清贫人家的女孩。一来要杜绝其与朝中权势相互勾结威胁自己的皇权，二来又可以辅助皇帝勤俭节约。

明代选妃的制度十分规范，主要采取的是逐级筛选淘汰制。第一轮选拔叫作"海驯"。每当皇帝到了大婚的年龄时，皇室就会派太监到全国各地挑选妙龄少女，从中选出五千名。选拔时，太监们首先把那些过于高矮胖瘦的少女淘汰掉。然后，检查五官、头发、皮肤以及音色、仪态，只要有一项不合规定，就会被淘汰。

接下来，太监们不仅会用尺子细量少女的手足，还会考察少女的步姿与风韵。最终会留下一千名美女召入宫中继续参加选拔。少女入宫后，宫中女官们会将她们分别引入密室"探其乳，嗅其腋，扪其肌理，察其贞洁"，肌肤必须细腻光泽，不能有一丝的疤痕，如此，从这一千人中再选出三百人作为宫中女官。

这三百名美女将要面临的是为期一个月的留宫考核，太监主要依据她们的性情言语，判断是否性格温柔贤惠，是否具有智慧和能力。据此，再从中留选五十人晋级为嫔妃。这第一轮的海选就到此结束。

随后是第二轮的"选三"，就是由皇太后从五十名美女中选出三名优秀者供皇帝钦定，最后由皇帝钦定一名皇后。而一般"选三"后陪选的那两名美女，大多都被封为了贵妃，但也不乏被赐予金银送回家的。

总之，明清后宫等级森严，宫女尚有退役出宫之日，但对于被皇上选中的秀女来说，却是一人深宫到白头。选秀不得不说是中国封建社会对女性的压迫，一旦被选上，不论最后成为皇后、嫔妃，还是宫女，面对的都是无法预测的未来。

明清时期后宫嫔妃的侍寝制度

所谓侍寝，就是俗话所说的古代皇宫中嫔妃们侍候帝王睡觉，这是嫔妃获得帝王宠幸的必由之路。

古代帝王后宫美女如云，有的皇帝甚至连自己究竟有多少嫔妃也记不清。而这么多嫔妃每晚都在等待着皇帝去宠幸，因此后宫关于嫔妃侍寝的管理制度应运而生。这种管理，到明朝时已达到了相当完整严密的程度。

明朝管理皇帝卧房事务的机构称为"敬事房"，最高的负责人称为

敬事房太监，其任务是安排、记载皇帝临幸后妃的情况。在皇帝临幸后妃时，敬事房太监必须详细记录年、月、日，以作为将来可能受胎的证据。

嫔妃和皇后不同，皇帝所宠爱的嫔妃都各有一张绿头牌，即末端染绿的名牌，上面写着她们的名字。每天晚膳时，敬事房太监会把十几张或几十张名牌置于大银盘中，与晚膳一起端到皇帝面前，所以也叫膳牌。

等皇帝吃完晚饭后，太监就托盘跪在皇帝面前听候指示。如果皇帝无意找哪个嫔妃过夜，说一句"退下"即可；如果皇帝有意临幸某个妃子，就把那个嫔妃的名牌翻个面。

敬事房太监退下后，把皇帝翻过的那张牌交给另一个太监，由他负责通知那个被选中的嫔妃香汤沐浴，做一切必要的准备工作。当皇帝就寝时间到时，驮妃太监再脱去这名嫔妃的全身衣服，用大氅裹住嫔妃胴体，驮她进入皇帝寝宫，放在御榻上。届时，皇帝先已躺在御榻上，被子下端散开。妃子从被子下端逆爬而上，与皇帝同眠。

这一过程中，敬事房总管与驮妃太监都在殿外等候。如果时间到了，总管便会高呼："是时候了。"皇帝如果没有回声，他就再次呼叫，如此反复三次，就一定要把嫔妃背回去了。同时，总管太监记录"某月某日某时，皇帝幸某妃"，作为日后受胎证明。生孩子与否，对嫔妃日后身份的高低和生活的待遇都有很大影响。

但如果皇帝住在圆明园，那么这类仪注就都废除了，皇帝可以随时临幸嫔妃，如同一般人家。不过上呈绿头牌的程序还是不可免的。

事实上，这种嫔妃必须脱净衣服的制度，大概是从明朝嘉靖年间时开始的，原因是当时发生宫女勒死嘉靖帝未遂案。据说，1542年春末夏初的一个夜晚，不堪忍受嘉靖帝折磨的宫女们，合谋要把这个残暴的嘉靖帝勒死。当天晚上，嘉靖帝正在乾清宫西暖阁熟睡，宫女杨金英和十几个年轻宫女，准备用绳子勒死嘉靖帝。但是，由于一时慌乱，绳子结成死扣，无法勒紧，嘉靖帝也因此逃过一劫。从此以后，历代皇帝都要求将嫔妃脱净衣服后，再送进自己的寝宫来。

直到清朝，依然承袭着这种制度，因为清朝皇帝认为这种制度能够查清子女是否出自皇帝血统，从而保证皇位继承不出问题，客观上也对后代的皇帝形成一定限制。

后宫逸事

姐弟恋，明宪宗独宠万贵妃

万贵妃万贞儿和明宪宗打破世俗、不顾舆论，演绎了一场感天动地的姐弟恋。仅就感情而言，这是一场足以和"梁山伯与祝英台"相媲美的恋爱——宪宗贵为一国之君，即便三宫六院、三千佳丽，眼里也只有万贞儿一个。

但当爱情的种子萌发在权力的摇篮里时，爱就不再那么单纯了。在这段感情中，万贞儿逐渐不满足于为了爱而爱，她的野心与权力欲暴露无遗，最终绽放出一朵阴冷的恶之花。以至于人们在提到万贞儿时，总将她和恶毒、阴险等字眼放在一起。

尽管万贞儿生性狠毒、为所欲为，但明宪宗对她爱得一往情深。万氏一死，明宪宗便忧郁成疾，郁郁而终。

半老徐娘，何以让明宪宗痴情不改

历史上得宠的妃子很多，但如果论情况的离奇，谁也比不过明宪宗的爱妃万贞儿——一个大皇帝十七岁，却牢牢占据了皇帝的心，并且拥有他一生宠幸的女人。

明宪宗朱见深十七岁继承帝位，正值青春年少，他的生母周太后为他选定了皇后吴氏。谁知大婚之后，皇帝并不迷恋吴皇后的青春美色，反而常宿嫔妃万贞儿宫中，这使吴皇后又气又羞。原来，明宪宗在大婚

之前，早就与年过三十的宫女万贞儿有了私情。

在明宪宗两岁时，大明王朝遭遇空前危机，其父皇英宗皇帝率军亲征蒙古瓦剌，却被打得大败，英宗被生擒。消息传来，京城震惊，宫廷内外人心惶惶。

孙太后以大明江山社稷为重，立英宗同父异母的弟弟——郕王朱祁钰为监国，代行皇帝之责；同时立年仅两岁的朱见深为皇太子。

瓦剌大军乘胜进逼京城，监国朱祁钰在于谦等忠臣的支持下，力排众议，决心保卫北京，誓死一战。随后，在众臣拥戴下，朱祁钰即帝位，是为景泰帝。

孙太后深知瓦剌大兵压境，京城一旦不保，大明江山将倾覆；也知朱祁钰即位后，孙儿朱见深的皇太子之位将受威胁。出于对爱孙安全的担忧，孙太后将孙儿托付给时年十九岁的宫女万贞儿，命其往太子宫中负责照料。

万贞儿原籍青州诸城，父亲万贵本是县衙掾吏，后犯法流配边疆，万贞儿因此也在四岁时就被充入掖庭为奴。孙太后怜悯她聪明伶俐，便把她留在了身边。

自那天起，在年幼皇太子稚嫩、模糊的记忆里，生命中唯一的温暖，就是日夜在他身旁爱护他、抚慰他的万贞儿。

在京城保卫战中，于谦精忠报国，不负众望，率军大胜瓦剌军。次年，瓦剌人将没有利用价值的英宗送回明廷。但此时，景泰帝已无意归还皇位，因此英宗刚抵达京城，便被弟弟景泰帝囚禁于紫禁城外的南宫。

此时，朱见深的皇太子地位已是朝不保夕，叔叔景泰帝欲改立自己的儿子朱见济为太子的念头已是路人皆知。终于，在朱见深五岁时，叔叔景泰帝废其皇太子位，贬为沂王，改立亲生儿子朱见济为皇太子。

失去太子位的朱见深，被赶出紫禁城。大难临头各自飞，一时之间，太子宫中的宫女、太监东奔西散，纷纷另投靠山。此时的万贞儿本可以趁机出宫，过上自由安乐的生活，但她不想辜负孙太后的重托，也

割舍不下日夜相伴三年的少主。

万贞儿带着废太子出宫后，搬进了北京城里一所由锦衣卫看守的旧宅，生活清苦，毫无自由，其处境与囚徒无异。万贞儿久处宫中，深知历代皇位相争的残酷，废太子复位无望，但前程凶险异常，她为朱见深的安全日夜担忧。年幼的朱见深还没体会到皇宫中的荣华富贵，就已经先尝到了幽禁中的暗无天日。在这里，见不到疼爱他的孙太后，也见不到还没有多大印象的亲生父母，万贞儿是他唯一的亲人，也是唯一的安慰。

日复一日，光阴在清苦的哀叹声中缓慢地走过。五年之后，厚重的迷雾之中忽然射出了一道希望的阳光——景泰帝重病！围绕孙太后的几位大臣顿时像弹簧一样弹开了身：请得孙太后许可，接出被囚禁的英宗，强闯紫禁城，宣布英宗复辟，废景泰帝。这便是历史上的"夺门之变"。

此时已二十七岁的万贞儿，带着恢复皇太子地位的少主回到了宫中。恢复太子地位的朱见深，又一次经历了人生的重大改变：昔日的清苦变作奢华，落难中的轻蔑变作尊敬，惶惶不可终日变作前程灿烂若锦。不变的是，他和万贞儿之间依旧亲密无间。

年复一年，时间依旧没有停留，转眼间，朱见深已是一个翩翩少年了。万贞儿的身影，在朱见深心中，从婴孩时的年轻姑姑形象，到童年时的大姐姐形象，变成了现在少年眼里的伴侣形象。现在的朱见深，已经长得比万贞儿还高了，也开始以一个男人眼光，看待与他朝夕相处十二年的万贞儿。

深宫月色，纱帐烛光，跨越十七岁的年龄差距，他们之间，自然而然产生了男女之情。

朱见深登基后，本想立万贞儿为皇后，但母后、太后皆不许。皇后的重要责任是生育皇子，以延续正统皇室江山。万贞儿虽然身份低微，但这并不是阻碍她成为皇后的障碍。因为，明朝为防外戚干政，皇后大多从没有家庭背景的民间选取。阻碍她成为皇后的真正障碍在于她实在年长皇帝太多了。

万贵妃害人不成终害己

朱见深做皇帝后，封万贞儿为万妃。在奢靡无节制的环境中，不知是万贞儿欲望的突然孵化，还是她一直以来隐藏在心底的野心的暴露，万妃换上了一张冷酷、刻毒的面孔。

做不成皇后，万贞儿很不甘心，此事一直成为她的一个心结。面对心高气傲的吴皇后，万贞儿根本不把她放在眼里，况且大婚以后，皇帝时常冷落吴皇后，经常驾临自己的寝宫，这更加助长了万贞儿的骄气。

每次谒见吴皇后，万贞儿总是板着脸不给面子，甚至故意拿架子，这使吴皇后非常生气。吴皇后起先碍于宪宗的面子隐忍着，到后来实在忍不住，免不了斥责一番。但万贞儿非但不收敛，反而对皇后恶语相讥。一次吴皇后忍无可忍，命宫人将她拖倒在地，亲自取杖来打了她。

万贞儿找到宪宗，哭闹不休。宪宗大怒，要去找皇后评理。万贞儿拦住宪宗不让去，叹道："妾已年长色衰，不及皇后玉女天成，还请陛下命妾出宫，以免皇后生气，妾也省得受那杖刑了！"

宪宗既恨又怜，轻轻解开了万贞儿衣服，却见雪白的肌肤上，一道道杖痕透着血色，触目惊心。宪宗怒从中来，喝道："此等泼妇，我若不把她废去，誓不为人！"

第二天一早，宪宗便去见两宫太后，请求废后。钱太后沉默不语，周太后虽然劝阻道"册后才一月便要废去，岂不惹人笑话"，但因宪宗坚持要废，只得同意。

吴氏被废后，万贞儿觊觎皇后之位，让宪宗替她说情，但周太后嫌她年长，始终不肯应允。两个月后，周太后下旨，册立贤妃王氏为皇后。王皇后生性软弱，知道自己不是万贞儿的对手，只得处处忍让，做了个傀儡皇后。

　　成化二年，万贞儿生下皇长子，宪宗大喜，立即晋她为贵妃，又派出使者四处祷告山川诸神。此时的万贞儿宠冠六宫，威行朝野，内连太监，外结权臣，其手下常以宫廷采办为名，大肆搜刮，动用内帑（收藏钱财的府库），宪宗也不多问。

　　但是天不遂人愿，孩子尚未满月便不幸夭折，万贞儿也从此不再有娠。因丧子之痛，万贞儿十分妒恨其他妃嫔生子，一旦知道哪个妃嫔怀胎，就千方百计逼其喝药打胎。迫于她在宫中的权势，妃嫔们只有含泪服从。

　　谋划再周密，也难免有一疏。成化五年，贤妃柏氏成功生下一个皇子，宪宗非常高兴，大事庆贺，取名祐极，并立即立为皇太子。可昭告天下的文书墨迹还未干，只当了四个月太子的朱祐极就离奇夭折了。

　　宫人太监们觉得太子病得奇怪，偷偷查访，发现果然是万贵妃所为，但是，谁也不敢告发。

　　这回万贞儿以为再无后顾之忧了，但老天没有遂了她这个心愿。就在六年后的一天，万贞儿又得到了一个晴天霹雳般的消息：宪宗还有一个儿子活在世上！

　　一天，太监张敏像平常一样给宪宗梳头。宪宗对镜自照，见到头上已有几根白发，不禁叹道："朕老了，尚无子嗣！"话音刚落，张敏扑通一声就跪在了地上，连连磕头道："皇上请恕奴才死罪，其实万岁爷还

曾上演"夺门之变"的北京东苑

有一子!"

宪宗惊诧万分，忙问详情。张敏又叩首，然后回道："皇子被养育西内密室，现已六岁了。因怕招惹祸患，故隐匿不敢报。"知道自己并非无子嗣，宪宗又惊又喜，立即摆驾至西内，派张敏去领皇子前来见面。

这个皇子是怎么回事呢？原来，成化三年，西南土族作乱，朝廷派大将前去征讨，平定之后，将男女俘虏押解入京城。其中有一纪氏女，长得美丽机敏，被充入掖庭。宫中见她性情贤淑，又通文字，便升她为女史。不久，王皇后看中了她，命她管理内府库藏。

一天，宪宗偶然来到内藏，发现她口齿伶俐对答如流，十分喜爱，又见她生得明眸皓齿，妩媚动人，便偷偷宠幸了她。没多久，纪氏竟怀孕了。

这事被万贞儿知道后，妒恨异常，派了一个宫女去探听实情。心慈的宫女不忍心看着皇上的子嗣又遭残害，就谎称纪氏生了鼓胀病。几个月后，纪氏生下了一个男孩。但这并没有给她带来一丝的兴奋，反而是更多的忧愁。左思右想后，她决定将孩子交给太监张敏，命他将孩子溺死。但忠心的张敏想到皇上年纪越来越大了，仍无子嗣，便冒着危险把皇子偷偷送到了废后吴氏那里，这才使皇子安然活了下来。

宪宗见到儿子后，悲喜交集，一把将其拥入怀里。紧接着，宪宗就下令向内阁报喜，并将事情的来龙去脉告知众臣，第二天早朝大臣们就一齐向宪宗道贺。

宪宗命内阁起草诏书颁布天下，替皇子定名叫祐樘，并封纪氏为淑妃，移居西内。大学士商辂担心这个孩子会重蹈皇太子祐极的覆辙，但又不敢明言，只得向皇上奏道，让母子住在一起便于照料养育。宪宗准奏，众人这才放心了一些。此时的万贞儿已经气得咬牙切齿。

这一年六月，好端端的纪妃暴病而亡。是被毒死的，还是被勒死的，谁也不敢过问。宪宗也不追究，只是下令予以厚葬，并谥纪妃为"恭恪庄禧淑妃"。张敏见到淑妃被害，便也吞金自杀了。

后宫逸事

· 131 ·

朱祐樘被立为太子后，周太后为保护这个孙儿，命宪宗将祐樘交给她。无从下手的万贞儿又气又急，于是下决心要逼宪宗易储，另立邵宸妃的儿子兴王朱祐杭。

尽管此时万贞儿已年近六十，可宪宗对她还是又爱又怕，根本离不开她。太监梁芳等人勾结万贞儿，为所欲为，担心将来太子即位后会惩治他们，也帮着万贵妃一起攻击太子。宪宗只得答应了易储之事。

第二天，宪宗找司礼太监怀恩商量，怀恩连连说不可，惹得宪宗大怒，竟把怀恩贬到凤阳去守皇陵。宪宗正想再召集群臣们商议废立之事，忽报东岳泰山发生地震，钦天监根据天象所测，说此兆应在东宫，宪宗以为废太子会惹怒天意，不再提易储之事，这才保住了太子的地位。

万贞儿费尽心机也无法动摇太子的地位，不免肝火攻心，不久便得了肝病，于成化二十三年春死去。万贞儿一死，宪宗好似失了主心骨，凄然说道："贵妃一去，朕亦不久于人世了！"他以皇后的规制主持贵妃的葬礼，并辍朝七天。这年八月，郁郁寡欢的宪宗忧思成疾，追随万贞儿而去。

天降贵人，孝庄皇后

她是一个豪迈的女人，来自茫茫蒙古大草原，为国敢舍身；她是一个睿智的女人，在政治的漩涡中，辨识出最可靠的救命草，将儿子推向至高的宝座；她是一个神奇的女人，翻转历史的浪尖，成就其孙儿"千古一帝"的美名。她就是孝庄皇后。

孝庄皇后在世的七十四年里，先后经历了努尔哈赤、皇太极、顺治、康熙的掌权时期，与清朝共同经历了内忧外患、风风雨雨，被雍正帝盛赞为"统两朝之养孝，极三世之尊亲"。

孝庄皇后画像

孝庄皇后到底有没有下嫁给多尔衮

现实中多尔衮长得很不好看，脸很瘦削，身子骨极弱，是一个完完全全的病秧子。孝庄是怎么看上这样一个病秧子的呢？

要说这两人之间之所以有了感情，恰恰就是因为他的病，而且还是由皇太极牵的红线。当年在松锦大战中，多尔衮被打得元气大伤，三

种病症同时发作：第一种叫怔忡之症，就是心跳过速；第二种是中风前兆；第三种是咯血症。这病完全是战争中劳累过度所致，这也导致他几乎绝后——妻妾十人，但后代只有一个女儿。

因为这病，皇太极心里很过意不去。皇太极即位后，多尔衮尽心辅佐皇太极。为了自己的江山把多尔衮累成了这个样子，皇太极深感愧疚，于是就让孝庄去伺候病重的多尔衮。

孝庄与多尔衮年岁相差无几，在照料的过程中，日久生情。或许这感情还夹杂着其他成分。孝庄早就意识到，一旦皇太极死掉，那么，最有权势的人物就是多尔衮了。

皇太极暴死后，又是一场皇位争夺战：多尔衮与豪格。当大家的注意力都集中在议政王大臣会议上的时候，却不曾想到，这里虽然剑拔弩张，杀机弥漫，但夺嫡之战真正的主战场，却在宫禁深处。

多尔衮与豪格两人旗鼓相当，要是真干起来，清朝非得亡国。双方无奈决定各退一步，另立别的皇子。经过孝庄从中斡旋，福临继承了皇位。

小皇帝年幼，摄政王多尔衮独揽大权，因此政权易主的情况随时可能出现。孝庄如何保住自己儿子的皇位呢？下嫁多尔衮。这多少有些政治婚姻的味道。

关于孝庄下嫁多尔衮，有三条证据。

证据一，抗清将领张煌言在《建夷宫词》中写道："上寿觞为合卺尊，慈宁宫里烂盈门。春宫昨进新仪注，大礼恭逢太后婚。"

"上寿"即祝寿的意思。"合卺（jǐn）"是古代结婚时的一种习俗，就像现在喝交杯酒。整首诗描绘了皇太后寿辰与婚宴一起举办的热闹场景。

证据二，多尔衮的称谓，从"辅政王"变为"摄政王"，后来又变为"皇父摄政王"。这也恰恰说明了多尔衮与孝庄的关系从隐秘到公开的过程。

证据三，清朝的三大皇家陵园分别为清北陵、清东陵和清西陵。皇太极的墓地位于辽宁沈阳的清北陵，而孝庄则被葬在了河北遵化的清东陵，两地相距四百多公里。按照清朝早期丧葬制度，皇后无论是死在皇帝之前，还是死在皇帝之后，都是要和皇帝合葬的，但孝庄并没有与皇太极合葬。

在多尔衮死后，孝庄皇后凭借她的智慧胆识，辅佐十三岁的顺治帝度过了皇位交替的暴雨疾风，而后又披荆斩棘，辅佐孙子玄烨登基，顺利完成政权易手。她在风雨兼程中度过了坎坷波折的一生，留给后世一个美丽的传奇。

生死恋，顺治帝情迷董鄂妃

董鄂妃，顺治帝最为宠爱的妃子，他们之间的爱情悲剧历来是世人目光的焦点。

董鄂妃的身世，扑朔迷离。有人认为她就是秦淮八艳之一的董小宛，但也有人认为她本是襄昭亲王博穆博果尔的福晋。

董鄂妃死后，顺治帝万念俱灰，执意遁入空门。有人说他确实出家五台山做了和尚，也有人说他并未出家，而是死于天花。

那么，真相究竟是怎样的？

董鄂妃真的是传说中的董小宛吗

董鄂妃聪颖秀慧、温柔善良，赢得了顺治帝毫无保留的爱。但董鄂妃的身世却是清史中的一桩疑案，民间对此有诸多说法，最为离奇的说法是她是江南名妓董小宛。

传说是这样的：董小宛是秦淮河上的名妓之一，与陈圆圆、李香君、柳如是等人合称"秦淮八艳"。清军降将洪承畴性本好色，早就听闻董小宛的美名，所以在攻占江南时，他将董小宛掠入府中，但没想到董小宛心有所属，且鄙视洪承畴的降清行为，誓死不从。洪承畴霸占不成，恼羞成怒，便做了顺水人情，将董小宛献入皇宫。顺治帝被这位来自江南的佳人迷住，立即赐封妃子。面对这位君主，董小宛不卑不亢、不忘旧爱，终日郁郁寡欢，没过几年就去世了。

历史上的董小宛与董鄂妃应该不是同一个人，因为董小宛比顺治帝大了十四岁。

董小宛原是江南名士冒辟疆的小妾。江南名妓多才多艺，倾慕东林党人，有着许多才子佳人的美谈：如李香君与侯方域，柳如是与钱谦益，卞玉京与吴伟业，顾眉生与龚鼎孳……

董小宛画像

冒辟疆初识董小宛是在 1639 年，那一年董小宛十五岁，顺治帝才一岁。

1641 年，冒辟疆又邂逅陈圆圆，拜倒于她的石榴裙下，朝三暮四，逐渐疏远了董小宛。后来，因陈圆圆被周奎买入京城，冒辟疆才又回到了董小宛身边。十九岁那年，董小宛进入冒辟疆家，成为他的小妾。从此，董小宛"却管弦，洗尽铅华，精学女红"，一心一意做良家妇女。

好景不长，在董小宛二十一岁那年，李自成攻占北京，清兵入关，豫亲王多铎率军渡江南下，攻破了南京，冒家险遭涂毒，家产丢得一干二净，董小宛随冒辟疆一路南逃。

战乱过后，冒家辗转回到劫后的家园，但生活一下子陷入了缺米少柴的困境，日子过得十分艰难。就在这节骨眼上，冒辟疆却病倒了，下痢兼疟疾，把他折磨得不成人形，冒辟疆几乎没有一刻能得安宁。为了照顾他，董小宛"仅卷一破席，横陈榻旁。寒则拥抱，热则披拂，痛则抚摸，或枕其身，或卫其足，或欠身起伏，为之左右翼"。经过五个多月的折腾，冒辟疆的病情终于好转，而董小宛已是骨瘦如柴，仿佛也是大病初愈。

生活稍微好转不久，冒辟疆又病倒两次：一次是胃病出血，水米不

后宫逸事

进，董小宛熬药煎汤，紧伴枕边伺候了六十个昼夜；一次是背上生疽，疼痛难忍，董小宛夜夜抱着丈夫，让他靠在自己身上安寝，自己坐着睡了一百天。

1651 年，董小宛二十七岁。这一年，她终于扛不住生活的重担，永远闭上了疲惫的眼。

董小宛同冒辟疆结婚九年未生育，并于 1651 年已经病死，所以董小宛即董鄂妃之说实属望风捕影，不能成立。

这个董鄂妃，原本是一个内大臣的女儿，出生于 1641 年，曾经和其他官宦人家的女儿一样入宫参加选秀，但却阴差阳错地被指给了顺治帝的胞弟襄亲王博穆博果儿为福晋。后来顺治帝与她暗生情愫，便把这个弟媳纳成了自己的媳妇。

顺治帝为何情迷董鄂妃

出于政治上的考虑，孝庄皇后将自己的侄女、蒙古科尔沁部博尔济吉特氏立为顺治帝的皇后。这位皇后从小娇生惯养，为人尖酸刻薄，常常与顺治帝发生口角，两人的感情很不和谐。因此，顺治帝内心时常是苦闷不堪。

清朝初年有令妇人轮番入侍后妃的制度，董鄂氏也因此经常到后宫入侍。董鄂氏的美貌和才情深深地吸引了这位少年天子的心，而董鄂氏的丈夫常年出兵打仗，闺中寂寞，如此一来两人迅速坠入了情网。后来董鄂氏的丈夫博果尔竟莫名其妙地死了。

关于博果尔的死，《汤若望传》中有一段记录似乎涉及了这件事，但汤若望并没有提到博果尔的名字。

书中记载，顺治帝对一名满籍军人的妻子产生了一种火热的恋情，当这件事被满籍军人知道后，他回家狠狠地打骂了一顿他的妻子，这个

妻子向顺治帝诉苦，顺治帝怒火攻心，赶到军队前面把这个军官叫过来狠狠地给了他一个响亮的巴掌。这名满籍军人恼羞成怒，没想到几天后就暴毙了，也许是一气之下自杀了吧。这名军人死后二十七天，顺治帝就把这名满籍军人的妻子纳为贵妃。

后来，有学者考证出，这个满籍军官就是顺治帝的弟弟博果尔，而他的妻子就是董鄂氏。

跟董鄂妃在一起之后，顺治帝像完全变了一个人似的。历史上有特别明确的记载，说少年天子顺治帝自从遇到董鄂妃之后，恶习尽改，专宠一人——"长信宫中，三千第一；昭阳殿里，八百无双"。

顺治帝对董鄂妃职位的升迁也是非常迅速，而且典礼形式非常隆重：顺治帝于1656年8月纳董鄂氏为妃，一个月后就封董鄂妃为皇贵妃，地位仅次于皇后。当年还有一个封董鄂妃为皇贵妃的正式典礼，而且这个册封大典上，顺治帝还下令大赦天下。

从1656年他们两个人结婚，到1660年董鄂妃去世，两个人真正在一起的时间，只有短短四年。在这四年里，董鄂妃曾经生了一个男婴，顺治帝企图立这个孩子为皇太子，但是这个孩子命不好，不足百日就夭折了。孩子夭折以后，董鄂妃感觉很对不住皇上，每天都责怪自己，最后忧思成疾，使顺治帝很是心痛。但董鄂妃应该不是忧愁致死，夺去她生命的应当是当时最为可怕的一种病——天花。

董鄂妃的死，对顺治帝而言是无比沉重的打击。他哀痛至极，感情到了难以控制的地步，竟致"寻死觅活，不顾一切。人们不得不昼夜看守着他，使他不得自杀"。

为了追封董鄂氏为皇后，顺治帝以死相逼。按照传统，妃嫔只有在所生育的儿子继承了皇位后，才能母以子贵被尊为皇后。但为了避免失去理智的顺治帝做出过激的举动，孝庄皇太后被迫同意追封董鄂妃为端敬皇后。

在董鄂妃葬礼的规格上，顺治帝更是过分：在户部资金极为短缺的情况下，在景山建水陆道场，大办丧事；将宫中太监与宫女三十人赐死

殉葬；令全国服丧，官员一月，百姓三天。清代定制，皇帝及太后的丧礼，大臣奏事皇帝用蓝笔批答，并以二十七日为限，皇后之丧没有这种规制。但董鄂妃之丧，顺治帝却破例用蓝笔批答达四个多月。

在葬礼结束后，顺治帝又掀起出家当和尚的轩然大波。

9月中旬，顺治帝决心出家，由茆溪行森剃度。后来茆溪行森临终时作偈语说："大清国里度天子，金銮殿上说禅道！"指的就是这件事。

10月15日，茆溪行森的师父玉林琇奉太后懿旨赶到京城，听说他的徒弟已经为皇上剃发，怒斥，而后劝顺治帝："若以世法论，皇上宜永居正位，上以安圣母之心，下以乐万民之业；若以出世法论，皇上宜永作国王帝主，外以护持诸佛正法之轮，内住一切大权菩萨智所住处。"

顺治帝最终听从了他的劝告，答应蓄发，罢了出家的念头。

从《甄嬛传》中看历史
——雍正帝的后宫

雍正帝是一个严苛的帝王，近年来，以雍正帝后宫为题材的影视剧层出不穷。随着《甄嬛传》的热播，对甄嬛、华妃这两个人物也有了激烈探讨。

甄嬛是否确有其人？甄嬛果真是历史上的孝圣宪皇后？华妃与甄嬛到底是怎样的关系？华妃果真靠哥哥年羹尧上位？华妃确实心狠手辣吗？

从《甄嬛传》中看历史，让我们走进雍正帝的后宫。

历史上真有甄嬛其人吗

在电视剧《甄嬛传》中，甄嬛虽在选秀之列，却不想嫁入帝王家。但在选秀当日，尽管她衣着素雅，还是被雍正帝一眼就看上了，直接入选，进入后宫，原因是她长得像现任皇后的亲姐姐、已故的纯元皇后。

事实上，历史上的雍正帝只有一个皇后，并没有纯元皇后此人。那么，历史上是否有甄嬛其人呢？甄嬛果真是历史上的孝圣宪皇后吗？

答案是：甄嬛是虚构的人物，孝圣宪皇后是其原型。

孝圣宪皇后名叫钮祜禄氏，最初在雍亲王府为妾，号"格格"，相

当于"小姐",身份低微,只是低阶侍妾。

康熙五十年（1711年）八月,钮祜禄氏生雍亲王四子弘历,即后来的乾隆帝。尽管生下了弘历,但钮祜禄氏并没因此获宠,地位也没有获得提升,还是一直顶着"格格"的名号。

一次,雍亲王感染时疫,病情严重到几乎丧命。在这期间,钮祜禄氏不惧危险,殷勤侍奉在病床旁边,煎汤熬药,十分周到。雍亲王感念她的恩爱,康复后,对她宠爱有加。

弘历十二岁时,有一天,康熙帝游玩圆明园,在牡丹台观赏牡丹,弘历便随父亲雍亲王前去陪侍。此时的康熙帝已六十九岁,他的一生中有三十五个儿子、五十多个孙子。但这些孙子,绝大多数却连爷爷康熙帝的面都没见过,弘历长这么大,也是头一回见到康熙帝。

康熙帝观赏牡丹,兴致正浓,突然在花丛中看见了自己的孙子弘历,一眼便认定这孩子前景不可限量。几句交谈后,康熙帝发现他聪颖过人,因而对他更是喜爱有加,便接到皇宫,亲自培养。他称弘历"福过于予",又说钮祜禄氏能生下这么个好儿子,是"有福之人"。此后,钮祜禄氏更得雍亲王恩宠。

雍亲王登基为雍正帝后,钮祜禄氏被封为"熹妃",居住于景仁宫,地位次于乌拉那拉氏皇后、年贵妃和齐妃。雍正元年八月,雍正帝密立皇储,将弘历的名字写好后,放于乾清宫"正大光明"的匾额之后。

后来,随着年贵妃、皇后的相继逝世,齐妃之子弘时渐

孝圣宪皇后画像

失帝意，钮祜禄氏地位逐渐提高，于雍正八年（1730年）晋封为"熹贵妃"，成为后宫统摄者。

雍正十三年八月，雍正帝驾崩。其子弘历即位，即乾隆帝。乾隆尊母亲钮祜禄氏为皇太后，徽号为崇庆皇太后，移居慈宁宫。

乾隆帝敬重皇太后钮祜禄氏，有言必遵。有一次皇太后偶然提及顺天府东有废寺当重修，乾隆帝立即遣员拨款修盖，并告诫宫监，今后有事应事先看出，不应让皇太后劳神指派。

乾隆帝对皇太后十分孝顺，其孝养也达到了相当的程度，号称"以天下养"——即以全天下的财力，来奉养这位皇太后。当然，这也跟乾隆帝乐于享受人生的信条有关。

乾隆帝的一生，游山玩水次数之多、规模之大，堪称历代帝王之最。但他每次外出，总会带上皇太后，配以最醒目的座驾，而且凡是皇太后上下车船，乾隆帝都会带着皇后、妃嫔亲自护送。因此，钮祜禄氏在整个皇太后的生涯中，三游五台，三上泰山，四下江南，可以说是出游最多的太后。

对于皇太后的生日，乾隆帝也毫不含糊。只要是皇太后过生日，乾隆帝就会率王公大臣奉觞称庆，倘若是整寿的日子，那规模更是宏大隆重。

皇太后的六十大寿、七十大寿、八十大寿，每一场整寿庆典的规模都逐层加码，天下的奇珍异宝跟随着乾隆帝的贺寿诗文，流水般往钮祜禄氏所住的慈宁宫涌去。乾隆帝虽然"诗才"有限，但一点也没影响他在贺寿诗中展现出来的反哺深情。在皇太后的八十大寿上，年已六十的乾隆帝甚至还彩衣蹈舞，承欢膝下。

乾隆四十二年正月，八十六岁的崇庆皇太后去世，举国致哀，尊徽谥号为"孝圣慈宣康惠敦和诚徽仁穆敬天光圣宪皇后"，葬于泰东陵。

后宫逸事

谁才是雍正帝的至爱？一个并不坏的年妃

年妃是清朝名将年羹尧的妹妹，父亲年遐龄是汉军镶黄旗人，湖北巡抚。年羹尧二十岁中举，二十一岁成为进士，三十岁不到便出任四川巡抚，成为清朝正二品大员。四十岁时又授抚远大将军，第二年便成为川陕总督，官至副一品，加封太保、一等公，年轻、高官、显爵集于一身。

一般影视作品认为，年妃（华妃原型）得宠，靠的是哥哥年羹尧的战功，其实并不尽然。历史上的年妃，可以说是雍正帝最为宠爱的妃子。

年妃身体生来虚弱，但极得雍正帝的恩宠。从年妃的生育情况看，在雍正帝还是雍亲王阶段，先后生皇四女、皇七子福宜和皇八子福惠，在雍亲王登基初年，又生皇九子福沛。

年妃的这段生育时期，正是雍亲王为谋储位活动最频繁、最紧张的时期，也是政治风险最高的时期。在这么一个敏感的时期雍亲王与年妃接连生育一女三子，可见他对年妃的信任，以及两人之间的深厚感情。可惜，年妃生下的孩子，皆不长命，三个儿子分别活了一日、一岁和八岁。

年妃画像

雍亲王即位后，更是把年妃宠上了天。年妃在所有妃嫔中年龄最小，地位却仅次于皇后，被封为皇贵妃。而原本与她在雍王府并肩的另一位侧福晋李氏，入府比她早，年龄比她大，却只封了齐妃。不过，年妃没等到加封之礼就病逝了。

在册书中，雍正帝充分肯定了年妃的品性，称她："秉性柔嘉，持躬淑慎。在藩邸时，事朕克尽敬慎，在皇后前小心恭谨，驭下宽厚平和。朕在即位后，贵妃于皇考、皇妣大事悉皆尽心力尽礼，实能赞儴内政。"并且也暂缓对年羹尧的处分。

当时的雍正帝早已对年羹尧不满，但顾及年妃病体，一直隐忍着，等到年妃薨了以后，才下令抄了年羹尧的家。可以说，正因为年妃活着，年羹尧才可以一直活得很好。

年妃死后，留下皇子福惠，雍正帝对他的宠爱远胜过其他皇子。可在雍正六年，八岁的福惠也夭折了。雍正帝伤心万分，下令"照亲王例殡葬"。此时早已成年的弘历、弘昼连贝子都还不是，而只有八岁的福惠却能以亲王的规格礼葬，足见雍正帝对他的疼爱。

乾隆帝登基后，追封福惠为亲王，说"朕弟八阿哥，素为皇考所钟爱"。这不正说明了雍正帝宠爱福惠是所有兄弟所深知的事吗？

雍正驾崩后，与年妃、皇后合葬，可谓生有情，死有义！

总而言之，雍正帝对年妃的宠爱不只是因为年羹尧，反而年羹尧后期多得年妃庇护。

从《还珠格格》中看历史

——乾隆帝的后宫

《还珠格格》可以说是不少人的记忆，剧中塑造的小燕子、紫薇、金锁、福尔康、永琪等人物形象也广为观众乐道。

回顾历史，我们不禁有这样的疑问：小燕子确实存在吗？她真的是乾隆帝的干女儿吗？香妃也确有其人吗？香妃的身上果真有奇芳异馥吗？

人们似乎总想一部好的文艺作品中找出一点点与历史相关的痕迹，从《还珠格格》中看历史，让我们走进乾隆帝的后宫。

历史上的乾隆真有个干女儿叫小燕子吗

电视剧《还珠格格》中，小燕子大大咧咧，使乾隆这个干爹有时喜笑开颜，有时怒发冲冠，却无可奈何。小燕子在电视剧里是开心而幸运的，但历史上是否确有小燕子这个人呢？她的命运又是如何呢？

据史书记载，乾隆帝一生有二十七个子女，没有一个是干认的。但在民间传说中，乾隆帝确曾有过一个干女儿，而且还是汉籍的。

相传，乾隆帝派人拆明陵给自己修陵寝。刘墉奏参皇上挖坟墓之罪，乾隆帝无法抵赖，只得准奏，给自己定了个发配江南。说是发配，实际上一不穿罪衣，二不戴枷锁，只是换上便衣微服私访罢了。刘墉、

和珅一路跟随。这是乾隆第一次微服到民间，对什么都感到新鲜。

他们走进一个村庄，来到一户门前，和珅前去叩门。开门的是一个老头儿，叫女儿为三位客人备饭。老头的女儿只有十四五岁，衣裳虽破旧，人却十分可爱。乾隆帝很喜欢她，就主动提出认她做干闺女，还从怀里掏出一块手帕递给姑娘，说："孩儿如果遇到急难，可拿它到京城的皇家大院来找我。"

几年以后，村里遇到了大灾荒，父女俩实在过不下去了，便决定到京城来找姑娘的干爹，但他们在京城怎么打听都找不到所谓的皇家大院。一天，他们又在皇城外询问，正碰上刘墉出来遛弯儿，姑娘抬头一瞅，认出这人就是随干爹一起到她家的那位先生，于是急忙上前询问。一打听才知道，原来干爹是当今皇上！

第二天一早，刘墉带着父女俩进宫去面圣。乾隆帝将他二人宣进宫来，并让下人给他们安排了住处。宫里头虽然不愁吃、不愁穿，可规矩也不少，而且皇亲国戚、宫女太监一个个都是势利眼，老人家原本就病歪歪的，如今加上日夜惊恐，没多久就死了，扔下姑娘一人孤苦伶仃地待在宫里，时常以泪洗面。日久天长，那姑娘也憋出了病，不久就去世了。

乾隆帝得知姑娘病死的消息后，立即传旨按公主的葬礼，把姑娘葬在了翠微路一带，也就是后来的"公主坟"。

乾隆帝的汉籍干女儿入宫后备受歧视，郁郁寡欢，这倒与小燕子入宫后的经历颇为相似。可惜这位没有小燕子的勇气，敢于闹宫廷，敢于出走"回忆城"，逼得皇上老子屈尊南下求和。

历史上真的有香妃吗

历史上，乾隆帝确实有一个维吾尔族妃子——容妃。在乾隆帝的四十多名妃子中，这本不奇怪，可是在容妃死后的一百多年内，却引

容妃画像

起了一大批文人墨客的兴趣，他们在容妃身上大做文章，甚至编造出一个"香妃"的故事。从野史，到诗词，到戏文，大肆渲染，竟达到了真假难辨的程度。

乾隆二十五年，图尔都等五户助战有功的和卓及霍集斯等三户在平乱中立功的南疆维吾尔上层人士应诏陆续来到北京，拜见乾隆皇帝。乾隆帝令他们在京居住，并派使者接他们的家眷来京，封图尔都等为一等台吉。图尔都二十七岁的妹妹（即容妃）也被选入宫，册封为和贵人。显然，这是乾隆皇帝统一新疆后，实行"因俗而制"的政治需要，即政治联姻。

这一年，从南方移栽到宫内的荔枝树，竟结出了两百多颗荔枝。宫人认为这是和贵人入宫带来的祥瑞，因此和贵人很得皇上的青睐，也很受皇太后的喜爱。此后，和贵人的俊俏和异域风情进一步赢得乾隆帝的垂爱和信任。

在和贵人入宫后的第三年，即乾隆二十七年，皇太后降旨，册封和贵人为容嫔。她的哥哥，原封为一等台吉的图尔都，也因追论进攻喀什噶尔有功而同时晋爵，封为辅国公。

乾隆三十年春天，乾隆帝第四次南巡，携皇太后、皇后、庆妃、容嫔、图尔都以及大学士傅恒等王公贵戚一千余人同行。一路上，乾隆帝对容妃格外恩赏，前后赐给她八十多种口味适宜的饭菜，其中就有名贵的奶酥油野鸭子、酒炖羊肉等。三年以后，乾隆帝又携容妃等六名妃嫔东巡，游历泰山，拜谒孔庙。

由于乾隆三十一年乌拉那拉氏皇后亡故，乾隆帝声称不再立后。乾隆三十三年，容嫔被册封为容妃。而乾隆四十年，皇贵妃又被赐死。因此，这个时候，容妃在乾隆帝的众多后妃中已处于举足轻重的地位。

乾隆四十六年正月十五日，乾隆帝在圆明园奉三无私殿设宴会餐，容妃已入主西边头桌的首位，到同年十二月乾清宫大宴时，容妃又升格到了东边座桌的第二位，到达了她地位与殊荣的顶峰。乾隆五十三年四月十九日，容妃离世。

慈禧太后，种种解不开的谜团

慈禧太后是中国晚清史上争议最大、谜案最多、最难评价的一个历史人物，她先后经历了咸丰、同治、光绪三朝，立过六岁的同治帝载淳、四岁的光绪帝载湉以及三岁的宣统帝溥仪等三个小皇帝。

在同治、光绪两朝，她曾两次垂帘听政，历时四十八年，其中有十年为名存实亡的归政，因此，慈禧统治中国长达四十八年，近半个世纪。

慈禧一生所遇的是中国几千年未遇的大变局——列强蠢动，领土被鲸吞蚕食，民众奋起。身处政治大漩涡中，外加紫禁城的高墙厚瓦，久已远去的年代、各种野史的添油加醋……慈禧，已笼罩在重重谜案之中。

身世之谜，慈禧到底出生在哪里

慈禧年轻时画像

慈禧太后，这位统治中国长达48年的女人，这位处于清末政治漩涡中心的女人，她的一举一动都是外界的焦点，照理说她的生活经历应该是事无巨细、皆有记载的。然而事实并非如此，由于清朝宫廷保存的各类官方档案和文献及《清史稿》等资料对慈禧的童年都少有涉及，由此留下了关于慈禧身

世以及出生地的一个疑案。

据记载："慈禧，名为叶赫那拉氏，满洲镶黄旗人。生于1835年，死于1908年，安徽宁池太广道惠征之女。"

《清史稿·后妃传》记载："孝钦显皇后，叶赫那拉氏，安徽宁池太广道惠征女。咸丰元年，被选入宫，号懿贵人，四年封懿嫔，六年三月庚辰，穆宗生，进懿妃。七年，进懿贵妃，十年，从幸热河。十一年七月，文宗崩，穆宗即位，尚孝贞皇后并尊为皇太后。"

这些资料显示，慈禧名为叶赫那拉氏，镶黄旗人，父亲为安徽宁池太广道惠征。除此之外，关于慈禧的童年和出生地则语焉不详。但这些资料已经是所有档案中关于慈禧早年的最详细记载了。

由于没有详细的记录，使得慈禧的童年成为一个谜。而后世史家经过不断考证，提出了诸多关于慈禧身世的说法。在这些说法中，最有影响力的就是慈禧生于北京说。

这一说法认为：慈禧的曾祖父叫吉郎阿，镶黄旗人，曾在户部做官，后来因为户部钱粮亏空的问题受到牵连被罢了官；慈禧的祖父景瑞，在刑部做官，因为受到曾祖父钱粮亏空案的牵连，也被革了职。慈禧的父亲名叫惠征，起初的官职是吏部笔帖式，是个八品小官。而慈禧就是在父亲做吏部笔帖式的时候出生的，所以，慈禧出生在惠征当时所住的北京西四牌楼劈柴胡同内。

这一说法，不仅被一些史学家所认同，而且得到了慈禧娘家后人的认可。

关于慈禧的出生地，除了北京说之外，还有甘肃兰州说、浙江乍浦说、内蒙古呼和浩特说等多种说法。

甘肃兰州说的依据主要是史学家发现在甘肃布政使衙门也有一个名叫惠征的笔帖式。但从惠征的档案记载来看，他做的是吏部笔帖式，并没有他在甘肃布政使衙门做过笔帖式的记载。所以这一说法不足为信。

浙江乍浦说的主要依据是当地的一些传说。传说称慈禧的父亲惠征曾在此做骁骑校，而浙江乍浦是八旗的一个驻防地，慈禧正是出生在这

里。她喜欢唱南方的小曲，就是因为从小在南方生活的结果。不过，这一说法同样与惠征的档案记载相矛盾。

内蒙古呼和浩特说的主要依据是当地有一条街名叫"落凤街"。经考证，慈禧的父亲惠征确实在此做过归绥道的道员，但那时慈禧已经十五岁了，所以不可能出生在这里。

除了以上几种说法之外，还有一种说法，由一位叫刘奇的学者提出，认为慈禧出生于山西长治。这一说法不仅认为慈禧出生在长治，而且对慈禧的身世也提出了一种全新的说法：慈禧本不是满人，而是身世离奇的汉家姑娘。

1835 年，慈禧出生在山西长治县西坡村一个叫王增昌的贫穷家庭，取名为王小谦。由于家境贫寒，慈禧在四岁时便被卖给本县上秦村的宋四元作为女儿，并改名"宋龄娥"。当慈禧长到十二岁的时候，又被卖给了正在潞安府做知府的惠征为婢，改名为"玉兰"。

有一次，玉兰在服侍惠征夫人富察氏洗脚的时候，看见她的脚底有一颗痣，便说自己的两只脚底都有痣。富察氏一听大惊，两脚底都有痣，那可是做皇后的命，于是不敢再让她做婢女，而是收她做干女儿，精心培养。到了咸丰二年（1852 年）秀女大选之时，玉兰便以惠征之女叶赫那拉氏的身份被选进了宫。

刘奇还在他的论著中，列举了多条证据来证明慈禧本是汉家女的说法：

在西坡村王英培家的家谱上有"王小谦后来成为慈禧太后"的记载；

在西坡村外羊头上的山脚下有慈禧母亲的坟；

在慈禧的第二故乡上秦村的宋家发现了祖传的光绪、宣统年间清廷制作的皮夹式清代帝后宗祀谱；

在宋家还发现了一封慈禧寄给其堂兄宋禧馀的感谢养育之恩的信件残片和慈禧本人的单身照；

上秦村还保留着一座名叫"娘娘院"的老房子，据说是慈禧童年时住过的，慈禧做了皇太后之后，当地人为了纪念，就把这所老房子改名为娘娘院保留下来；

…………

此外，这位学者还列举了慈禧的一些与长治有关的生活习惯，如慈禧爱吃长治人常吃的萝卜团子、壶关醋、玉米糁粥、沁州黄小米，爱看上党梆子等。

这一说法在慈禧的御前女官裕德龄所著的《清宫二年记》中也可得到印证，记载有慈禧太后说"喜欢乡村生活，觉得那比起宫里的生活来自然得多了"。

山西长治说曾在史学界引起了巨大轰动，当然也引起了一些史家的极力反驳。

以上关于慈禧童年、身世及出生地的说法，大多建立在其父惠征的档案真实性之上。也就是说，目前的考证大多依据她的父亲惠征的资料记载，而一旦有关惠征的资料出现错误，或者慈禧与惠征的关系出现变化，那这些说法都有可能成立。

慈禧的身世到底如何？还有待史学界进一步考证。

入宫之初的慈禧，凭借什么独霸龙床

咸丰帝常被后人诟称为无远见、无胆识、无才能、无作为的"四无"皇帝，面对国库空虚、军政废弛、吏治腐败、百姓骚乱、列强肆虐的烂摊子，他一筹莫展，后来索性沉迷于声色犬马，纵欲自戕只求速死。

咸丰二年（1852年），道光帝的丧期一过，二十一岁的咸丰帝便迫不及待地进行了秀女大选，理由是为延续皇族血脉，充实后宫。

北京城尚在瑞雪残冰的包裹之下，还未迎来草长莺飞、春暖花开的

早春景色，而选自全国各地的六十名旗籍佳丽早已坐着骡车来到了北京城。其中，来自北京西四牌楼劈柴胡同的叶赫那拉姐妹俩也在骡车队伍中紧张地等待着。

叶赫那拉·杏贞和叶赫那拉·婉贞后来成为历史上值得被施以浓墨重彩的两个人，杏贞即中外知名的慈禧太后，婉贞即醇亲王福晋、光绪帝的生母。

清朝从顺治时就规定，凡八旗人家年满十四岁至十六岁的女子，必须参加每三年一次的秀女之选。像慈禧这样家庭背景的女子未经选秀，是不允许嫁娶的，而一旦选中，就可以"备内廷主位，或为皇子皇孙拴婚，或为亲郡王及亲郡王之子指婚"。

入选之后，咸丰帝是她这辈子唯一要竭力去取悦的男人，因为他是皇权的化身，是皇宫里唯一的光源。匆匆的几次会面，慈禧显然没给咸丰帝留下多大的印象。一连几个月，她连咸丰帝的面都没见着。

皇帝是这后宫唯一的成年男性，可他六宫粉黛，三千佳丽，出则宝马雕车，入则黄罗伞盖，如果不能与众不同，成日蜂围蝶绕的皇帝哪会记住一个平凡的新晋佳丽。

后宫妃嫔如林，大家都依附皇帝为生。一朝被宠，平步青云，光宗耀祖；一旦被边缘化，只能"一生遂向空房宿"。后宫争宠之战风雷激荡，在这厚墙高院里没人能独善其身，生性好强的慈禧更不想坐以待毙。在这等级森严的后宫中，只有皇帝和依附于皇帝的人可以呼风唤雨，趾高气扬，剩下的都必须夹着尾巴做人。

慈禧入宫不久，家庭发生重大变故。父亲被调任为安徽宁池太广道道员，刚上任即遇上太平军顺长江而下，势如破竹。安徽巡抚蒋文庆被杀，惠征押解一万两银子辗转逃到了镇江的丹徒镇，操办粮台，以待援兵。刑部左侍郎李嘉端参劾他临阵脱逃，咸丰帝一怒之下将其解职查办。惠征惊骇过度，一病不起，于咸丰三年六月初三死于镇江。家庭惨遭变故，在形势复杂的后宫，慈禧只能把泪往肚子里咽，现在唯一能改变她命运的只有咸丰帝。

命运十分眷顾慈禧，圆明园本为皇家夏宫，皇帝一年难得去几次，可内忧外患让咸丰帝心烦意乱，干脆躲进圆明园寄情声色。

慈禧花钱笼络了身边的宫娥、太监，并与咸丰帝身边的宣诏太监安德海搭上了线。一天午后，咸丰帝乘着御辇在圆明园中游玩，行至一桐荫深处，清风徐来，传来一腔腔娇脆的江南小调。咸丰帝知道这是新晋秀女的所在，一听这婉转小调，便动了风流心思，顺歌而行，来到一处宫殿，只见殿内林荫夹道，花气袭人，一女子手摇折扇，细款柳腰，正在引颈而歌。

安德海

咸丰帝见她粉腮若桃，明眸皓齿，唇不点而红，眉不描而翠，令人痴迷。当晚，咸丰帝对她百般怜爱。

咸丰二年五月，秀女决选，后宫多了四名"贵人"——兰贵人、丽贵人、婉贵人、伊贵人，四名"常在"——容常在、鑫常在、明常在、玫常在。

咸丰帝和慈禧都酷爱玉兰花，咸丰帝便封她为兰贵人，并把她安排进了长春宫。长春宫的正殿上高悬着乾隆帝的御笔匾额，上书"敬修内则"四个遒劲有力的大字，似在告诫后宫妃嫔遵守祖宗家法，谨言慎行。

清朝对后宫的妃嫔有着严格的等级限制：自皇后以下的妃嫔共分七级，分别是皇贵妃、贵妃、妃、嫔、贵人、常在、答应。

当时，慈禧只被封为贵人，是第五级的嫔妃。可以说，她在后宫的嫔妃中，品级低下，身份卑微。然而，仅仅过了两年的时间，慈禧就被晋封为懿嫔；又过了两年，被晋封为懿妃；又过了一年，被晋封为懿贵妃。也就是说，只用了短短五年的时间，慈禧便由第五级的兰贵人跃升成了第二级的懿贵妃，年仅二十二岁成为仅次于皇后的后宫女主人。

那么，年轻的慈禧如何在美女如云的后宫中脱颖而出？她又是凭借

后宫逸事

什么独霸龙床的呢？

当时，在咸丰帝的后宫中，皇后之下有一个皇贵妃、两个贵妃、四个妃子、六个嫔，贵人、常在、答应则无定数。而此时，咸丰帝还挑选了数十名年轻貌美的汉人女子入住圆明园，最让他心仪的就是人们所说的"四春"："文宗渔色，于圆明园隅，暗藏春色，谓之四春，世竞传之。"这四春即牡丹春、海棠春、杏花春、武陵春，她们原是良家女子，被迫进入圆明园。

除四春之外，咸丰帝还钟情于一位曹寡妇。这位寡妇来自山西，长得美妙绝伦，尤其一双小脚，是名副其实的三寸金莲。她的鞋也与众不同，鞋底是菜玉做的，内衬香屑，鞋尖缀着光彩夺目的明珠。入宫后，"咸丰帝最眷之"。

年轻的慈禧要在这六宫粉黛中脱颖而出，独霸龙床，实在是难上加难。

当然，慈禧年轻时也是一位美人。慈禧晚年常常炫耀说，年轻时宫里人都说她长得漂亮，大家都忌妒她。做过慈禧近两年女侍官的裕德龄，在她的书中如此描绘慈禧的外貌："太后当伊在妙龄时，真是一位风姿绰约、明媚鲜明的少女，这是宫中人所时常称道的；就是伊在渐渐给年华所排挤，入于老境之后，也还依旧保留着好几分动人的姿色咧！"曾与慈禧朝夕相处九个月的美国女画家卡尔在《慈禧写照记》中也对慈禧的美貌大加赞赏了一番。

虽然，年轻的慈禧明艳动人，但是受封为兰贵人的慈禧并没有成为独宠专房的后宫嫔妃。当时，受到咸丰帝宠幸的有三人：一是天生丽质的云嫔，二是温顺柔媚的丽贵人，三是丰姿绰约的玫常在。

云嫔武佳氏早在奕詝还未当皇帝之前就是他的宠妾了，不仅美貌超群，而且与奕詝的情谊深厚，奕詝当上皇帝后对她宠眷不衰；丽贵人艳若桃李，撒娇弄嗔起来能使咸丰帝神魂颠倒，不能自持；而玫常在聪明伶俐，心机过人，每次被召幸，总能带给咸丰帝新鲜感，是咸丰帝的最爱，不久就晋升为贵人，与慈禧平起平坐了。

此时的慈禧尽管每天都将自己装扮得俏丽可人，等待着咸丰帝的临幸，但每一天都是心碎的声音。环视后宫，她发现自己不是最美的，也不是最娇媚的，如果要集三千宠爱于一身，她必须改变吸引皇帝的策略。

在不断提升女性魅力的同时，慈禧开始主动与咸丰帝宠幸的嫔妃们竞争。慈禧自幼随父宦游各地，官场的倾轧角逐丰富了她生活的阅历；宦海的钻营贪婪造就了她的阴险狠毒；她虽是家中长女，却无父母宠爱，亲情淡漠使她养成了势利冷静的性格。这些年少的积淀，终于在这会儿有了用武之地：

她贿赂宫女、太监，指使他们陷害圣眷正隆的玫贵人，使咸丰帝误以为玫贵人在慈禧的点心里下毒，一怒之下将玫贵人降为常在，后贬为宫女；她用蛊惑罪陷害云嫔，使得云嫔被打入冷宫，不久后悬梁自缢；而想要对付丽贵人，慈禧似乎手段还太弱。丽贵人一直是个聪明的女人，慈禧的伎俩在她面前不管用，慈禧也只得等待时机。

咸丰四年，丽贵人有孕，咸丰帝为保龙种，暂时远离丽贵人，好让她安心养胎。这实在是天助慈禧，慈禧终于等来了这个千载难逢的机会。

没有丽贵人侍寝，咸丰帝辗转难眠，他急于找一个能代替丽贵人的人，于是，颇具风韵且善解人意的兰贵人来到了他的身边。《清稗类钞》记载：慈禧"有机智，遇事辄先意承旨，深嬖之"。

伴君如伴虎，想要获得皇帝的宠幸，善于揣摩皇帝的想法是必备的本领。而这，正是慈禧所擅长的。咸丰帝自从临幸慈禧后，竟真的像《长恨歌》中所写的那般，"春宵苦短日高起，从此君王不早朝"了。两年之后，慈禧从贵人被晋升为懿嫔。

从此，每天晚膳过后，咸丰帝都会翻下慈禧的绿头牌。所谓绿头牌，即牌头漆成绿色，牌面写着后妃姓名及简单简历，皇帝中意谁就翻下谁的绿头牌。慈禧每晚焚香沐浴，精心梳洗，等待咸丰帝的召幸，而且大多数时候她都不会失望。

每当敬事房的太监前来传话说皇上召幸时，慈禧便脱去身上的衣

饰，躺进太监准备好的大氅里，由太监扛着进入皇帝的寝宫。

为了独霸龙床，圣眷不衰，慈禧还学习书法绘画，以取悦咸丰帝。咸丰帝寄情声色，懒于国事，一些奏章就让慈禧代阅。但是，清朝皇帝一般不准后宫参与政事，时间一久，咸丰帝也会厌烦。一旦发现咸丰帝有什么不满，慈禧便急流勇退，马上蛰伏起来。善于察言观色的慈禧，能相机行事，知道进退。

咸丰帝对慈禧迷恋万分，时常召幸，终使慈禧在入宫四年后诞下了皇子。这是咸丰帝唯一的儿子，即载淳。母以子贵，慈禧的地位发生了急剧的变化，被晋封为懿贵妃。由于慈禧倍受宠幸，且生下了皇子，她的实际地位已在皇后之上了。

年幼的载淳

慈禧为何要逼死同治帝的皇后

同治帝因自身不检点，流连风月场，不幸感染了梅毒。自从同治帝得了梅毒病倒以后，失去了保护伞的皇后处境也更加凶险。慈禧指责皇后不贤德，将皇帝染病和荒废政务的责任全归罪于她，宣布未经她的允许不准皇后靠近皇帝一步。皇后委屈，但无处可诉。

听说同治帝病毒已侵入五脏六腑，甚至连牙龈都呈现黑褐色了，皇后担心他挺不过这场劫难，一心谋求再见一面。费尽千辛万苦，皇后终于买通了太监，得到一次偷偷探望的机会。

皇后走进同治帝的寝宫，当她见到病榻上的丈夫时，虽然早有心理

准备，可还是吓了一跳：同治帝就像一个烂透了的苹果，满目疮痍，惨不忍睹。夫妻四目相望，泪水扑簌，却一句话也说不出来。

同治帝试图擦去皇后脸上的泪水，却怎么也抬不起手，最后只能妥协地握住了皇后的手，劝慰道："你暂时忍耐，总有出头之日！"

隔墙有耳，这简单的一句话，却传进了慈禧的耳朵里。

听者有意的慈禧一处理完政务，便怒冲冲地闯进同治帝的寝宫，一把揪住皇后的头发，另一只手送上一记响亮的耳光。

这一切都电光石火般，等同治帝反应过来，气得半天憋不出一句话，满面紫红，瘫倒在了床上。皇后一向小心，不敢忤逆慈禧，一时受了这样的责罚，也不知如何应对，情急之下说了一句："臣妾是从大清门进来的，请给媳妇留一点体面。"

慈禧是偏妃出身，这一直是她的伤疤，皇后的这句话无疑是揭了她的伤疤。"大清门进来的就要高人一等？"慈禧叫人立即杖责皇后。杖责在宫中是对出身低的宫女和太监所用的刑，现在却要用到皇后身上。

皇后哭喊开来，同治帝无力阻止，气得晕厥了过去，御榻前一阵慌乱，慈禧这才免了皇后的刑罚。到了这份儿上，母子亲情早已荡然无存。

同治帝的病已到了朝不保夕的阶段，但他担心自己死后，母亲会拥立一个年幼的孩子，继续执掌朝政。为保护皇后，他便偷偷传来帝师李鸿藻，命他拟遗诏立已经成年的多罗贝勒载澍为皇太子。

遗诏草拟后，同治帝命李鸿藻好生润色，明天拿正式文本来见自己。李鸿藻当然明白临终受命的分量，何况又是师徒情深。但是那一夜，他反复掂量，权衡利弊，还是选择第二天一早将遗诏送到慈禧手上。慈禧看完后，铁青着脸把遗诏扔进了火盆。这会儿，慈禧对儿子只剩下了绵绵无绝的恨……

李鸿藻的一去不复返让同治帝感到了事态不妙，紧接着便见所有的宫娥、太监撤出了乾清宫。御榻边上也没了服侍，一日三餐也没人供应了。原来，慈禧下令断了同治的一切医药饮食，并令所有人员撤出乾清

后宫逸事

宫，没有她的命令不得接触同治帝，就连慈安也别想干涉。

只熬了一天，同治帝便怀着无限悔恨驾崩了。慈禧赋予了他生命，最后又无情地剥夺了他的生命。

同治帝一死，慈禧若成了太皇太后，就再也没有理由垂帘听政了，掌权的应该是同治帝的皇后。但是如今的慈禧，怎么可能让皇权就这样从指间溜走呢？

于是，同治一死，慈禧把这么多年来母子间的、婆媳间的积怨全部发泄到了皇后身上。皇后得知同治帝驾崩的消息哭得死去活来，但慈禧却不许她到灵前拜祭，不许她出宫半步。她在大臣们面前就像凭空消失了一样。

皇后的父亲崇绮痛心疾首，却对女儿的处境爱莫能助。皇后曾私下派人去询问父亲的意见，他只给女儿送来了一个空食盒，即暗示女儿绝食而死。

皇后明白，自己是婆婆掌权的一块绊脚石，慈禧不会给她活着的机会。不过现在竟连父亲都来催她上路了。皇后并不怕死，可她发现自己已经怀上了同治帝的遗腹子。

伟大的母爱让皇后变得坚毅而果断，她尽力吃下所有能得到的食物，尽力掩饰自己怀孕的事实。可皇宫实在太小，任何微小的变动都逃不过慈禧的法眼，很快慈禧就得知了她呕吐的迹象。

这是一个危险的信号！慈禧已被权欲冲昏了头脑，只要是阻挡她揽权的障碍，她一个不留——哪怕是自己唯一的孙子。慈禧断了皇后的饮食，两个月后，皇后母子双亡。

威胁解除了，慈禧宽宏大量地赏赐她最后一点哀荣，封她为"嘉顺皇后"，下谕旨表彰她的嘉德懿行和为夫殉节的壮烈之举，还将她与同治帝合葬在惠陵地宫。

慈安是在咸丰帝驾崩当天被封为皇太后的，慈禧是咸丰帝死后第二天被封为皇太后的。而同治帝已经过世几年了，可这位从大清门进来的皇后却连一个皇太后的封号都没有得到。

慈安太后的暴毙与慈禧有没有关系

在清王朝历史上，作为两宫皇太后之一的东太后慈安是与西太后慈禧一样举足轻重的人物。然而光绪七年（1881年）三月初十日，一向健康无病、年仅四十五岁的东太后慈安竟猝然崩逝于钟粹宫，从发病到暴卒只用了短短十二小时，这也是清宫一大疑案。

东太后慈安，钮祜禄氏，满洲镶黄旗人，谥号孝贞显皇后，道光十七年（1837年）七月十二日出生，其父穆扬阿曾任广西右江道。

咸丰帝为皇子时，慈安就已经是他的侧福晋。由于他的嫡福晋——萨克达氏，后上尊号孝德显皇后——于咸丰帝即位前就已经去世，慈安遂被封为贞嫔，并于五月晋贞贵妃，十月册立为皇后。

1861年11月咸丰帝死后，慈安被尊为母后皇太后，上尊号慈安，与慈禧共同垂帘听政。众人称她为"东太后"或"老佛爷"，与西太后慈禧相对应。与慈禧相比，慈安是位德高望重的好皇后。

光绪七年（1881年）初，慈禧忽患重病，久治不愈，长期卧床不起，于是遍召天下名医入京诊治。这段时间，朝政也只得由慈安一人打点。

三月初九日早晨，慈安依然召见军机大臣，处理军国大事。当时恭亲王奕䜣、大学士左宗棠、尚书王文韶、协办大学士李鸿藻等都觐见了慈安，此时的慈安面色祥和，只是两颊微红，犹如醉色，没有什么特别之处。

三月初十日早上，慈安似乎着了风寒，身体有些违和，菜饭不思，那天也没就接见军机大臣，但到了晚上突然就暴病身亡了。据《翁同龢日记》记载："昨日（初十日）五方皆在，晨方天麻胆星，按云类风痫甚重；午刻一方按无药，云神识不清，牙紧；未刻两方虽可灌，究不

后宫逸事

妥……酉刻一方六脉将脱，药不能下；戌刻仙逝。"如此，慈安皇太后仅十二小时便由发病至死，病情如此之急重，实在令人难以接受。

后宫传出慈安皇太后驾崩的消息，急命枢府官员进宫商议，诸大臣都惊诧不已。因为以往皇帝或太后生病，总会在军机大臣的检视下先传御医用药，而此次突然传出太后驾崩的消息，确实非常奇怪。

诸大臣进入慈安宫，却见慈禧已经坐在矮椅上，看着慈安小殓，十分镇静但带着眼泪地问道："东太后素来健康，怎会突然死去？"诸大臣忙下跪顿首慰安，一个个都不敢再询问病症，最后草草办完了丧事。

宫外大臣听到噩耗，很多朝臣都以为是"西边出事"了，等到得知竟是东宫，都惊诧不已。一时之间，人们对一向身体健康的慈安的猝死，大为不解。时任军机大臣的左宗棠，听到慈安暴卒的消息，顿足大呼，不断喊着有鬼："昨早对时，上边清朗周密，何尝似有病者？即去暴疾，亦何至若是之速耶？"朝野上下种种猜测不胫而走。

从此，清廷的垂帘听政由两宫并列变成了慈禧一人独裁。因此，对于慈安的死因朝野上下议论纷纷，人们自觉或不自觉地将她的猝死与慈禧联系在了一起。

慈安太后图像

人们根据已掌握的少之又少的线索，对慈安的死进行各种各样的推测，不断地构造关于她不幸去世的篇章，使得她的死疑云密布。不过，梳理有关慈安死因的资料，归纳起来，大致有这样两类说法。

第一类，慈禧害死说。

1. 慈禧逼死说。

慈安与慈禧共同垂帘听政，慈禧权力欲极强，而慈安随和，无心与她争权，因此相安无事。但在光绪七年初，慈禧患血崩剧疾，久病不起，因此慈安在这段时间内独掌大权，致使慈禧十分不悦，便"诬以贿卖嘱托，干预朝政，语颇激"，致使慈安气愤异常，又争辩不过她，因此恼恨之下，"吞鼻烟壶自尽"了。

2. 慈禧毒死说。

当年咸丰帝临终时，曾秘密留下一份遗诏给慈安，要她监督慈禧。如果慈禧安分守己就罢了，否则的话，就出示这份诏书，命令廷臣以先皇遗令处死她。但老实的慈安却在慈禧的哄骗下，把这事告诉了慈禧并当着慈禧的面烧掉了这份遗诏——她没有意识到这份遗诏是自己对抗慈禧最有力的一件武器。慈禧表面对慈安感激不已，实际上杀心已起，借向慈安进献点心之机，暗下毒药。

第二类，正常病死说。

徐彻所著的《慈禧大传》倾向于正常病死说。作者认为慈安不善理政，且说话分量不足，根本不会妨碍到慈禧的政权，因此慈禧没必要害死她。

然后，作者又提出了《翁同龢日记》中关于慈安发病的两则记载作为证据：一是慈安太后二十六岁时曾经患了"有类肝厥"疾病长达二十四天，甚至一度达到不能说话的程度；二是史料记载，同治八年，慈安"旧疾发作，厥逆半时许"。而"厥症"主要表现为突然昏迷、不省人事，轻者昏睡，重者昏死。

不过这终究只是作者的一家之言，至于慈安暴崩的真正原因，只能是人们茶余饭后谈之不尽的话题。

慈禧太后的"女秘书"与御用摄像师

慈禧当然很美，这是毋庸置疑的，用她自己的话说就是"宫人以我为美"。有两个女人曾经在慈禧晚年与她有过近距离的接触，其中一个

就是裕德龄，因通晓外文而成为太后的第一女侍官。她对慈禧的容貌评价道："太后当伊在妙龄时，真是一个风姿绰约、明媚鲜明的少女，这是宫中人所时常称道的；就是伊在渐渐被年华所排挤，入于老境之后，也还依旧保留着好几分动人的姿色咧！"

裕德龄，笔名德龄公主，旅美作家，满洲汉军正白旗人，1886 年生于武昌，从 1895 年起，先后随父亲裕庚出使日本和法国。

裕德龄的父亲叫裕庚，1895 年被清廷任命为出使日本的特命全权大臣。德龄全家随父亲到日本东京赴任，在那里度过了三年时光。裕庚在日本任满返国后，又前往巴黎出任驻法使臣。这六年的国外生活，使德龄这样一个东方女子开阔了视野。

1903 年春天，清朝驻法国大使裕庚卸任回国。裕庚的一对千金德龄、容龄，正值青春年华，光彩照人，经过东洋和西洋文明的洗礼，这对姐妹成为最早"睁眼看世界"的中国女性。

德龄回国的时间恰逢慈禧推行"五年新政"。德龄姐妹俩在回国后，就被慈禧召进了宫。从时尚之都归来的德龄姐妹，身穿鲜艳时髦的巴黎时装，脚踏红色高跟鞋，她们的到来，给焖锅似的皇宫带来了生气和异国风情。慈禧一下就喜欢上了这对洋派姐妹花，把她们留在宫中做了秘书，姐姐德龄更是成了首席秘书。

德龄首先具有的优势是能说一口流利的英语、法语和日语，所以慈禧接见外国使臣和使臣夫人时，德龄自然成了必不可少的翻译助手。而且德龄本是外交官之女，深谙西方各国的礼仪与社交技巧，在外交活动中，自是如鱼得水。这点，正好弥补了慈禧的不足。

除了担任外交公关外，为慈禧讲洋人的八卦，也是德龄的日常工作，比如巴黎人的化装舞会。

裕容龄是中国现代舞第一人，在法国，她师从现代舞之母伊莎朵拉·邓肯，学习了三年舞蹈，后来又进入巴黎舞蹈学院学习芭蕾舞。有时，慈禧会突然兴起，对洋人的舞蹈产生兴趣，姐妹俩就拿出唱

机，放上音乐，为她跳上一段华尔兹，让人看得目瞪口呆。

与两个姐妹一同出入皇宫的，还有她们的哥哥——裕勋龄。勋龄也是一个海归，擅长摄影，成为慈禧的御用摄像师。慈禧有很多张照片流传于世，而所有这些照片均出于一人之手，此人便是勋龄。

当新鲜劲儿过去后，皇宫又显现出焖锅的本性，这使受西方自由思想影响的德龄萌生去意。慈禧两次为德龄介绍对象，干预她的结婚自主，更使她坚定了离去的决心。两年后，德龄的父亲病重，她趁机离开了皇宫。

在上海，德龄结识了美国驻沪领事馆的副领事萨迪厄斯·怀特并与之结婚。之后，德龄随怀特前往美国，继续她的海外生活。在美国，德龄开始写作，给慈禧当秘书的生活成为她不得不说的故事。1911年，德龄用英语写作的《清宫二年记》出版，署名德龄公主，在国内外引起强烈反响。辜鸿铭为之写了书评，并赐予新女性的美誉。从此，德龄跻身于当时美女作家之列。

此后，德龄又先后用英文写作出版了《清末政局回忆录》《御苑兰馨记》《瀛台泣血记》《御香缥缈录》等反映晚清宫廷及社会政治生活的作品，一时间风靡海内外，而这些作品，日后也成为研究晚清历史的重要资料。

慈禧太后的随葬珍宝中真有一颗夜明珠吗

慈禧生前酷爱宝石、玉器、金银器皿，据传死后棺内陪葬的珍宝价值上亿。

1928年6月，外号"孙大麻子"的军阀孙殿英以"剿匪"为名，深夜时直奔清东陵。工兵爆破墓室，炸开慈禧明楼下洞门里的金刚墙，打通了进入地宫的通道，撞开石门后进入墓室。

慈禧棺内底部铺金丝织宝珠锦褥，厚7寸，下面缀大小珍珠1万多粒，红光宝石85块，白玉200多块，锦褥上有一层绣满荷花的丝褥，上铺五分重的珍珠2400粒。

慈禧尸体上盖一条织金的陀罗尼经被，明黄缎底，捻金织成，织有汉字陀罗尼经文25000字，缀有800多粒珍珠。头上的凤冠由无数珍珠宝石嵌成，其中仅一颗珍珠就价值白银1200万两。

尸体周围的大件珍宝有九玲珑宝塔、翠玉佛、翡翠西瓜、蝈蝈白菜、红蓝宝石、祖母绿宝石、玉石、红珊瑚树、墨玉荸荠等。慈禧的牙床被撬开，口中含有一颗夜明珠。这夜明珠分开时是两块透明无光的珍珠，合拢时就成一颗圆珠，有着绿色寒光，甚至夜里可以在百步之内探明，十分清晰。

盗陵案被报道后，举世震惊，各地各界人士纷纷谴责，要求严惩孙殿英，追回珍宝，蒋介石下令阎锡山查办盗陵案。

孙殿英将乾隆颈项朝珠中最大的两颗朱红朝珠送给戴笠，再托戴笠将一柄九龙宝剑送给国民政府领袖蒋介石；又将翡翠西瓜送给宋子文；将慈禧口中的夜明珠送给宋美龄，宋美龄将夜明珠缀在了绣花鞋上，此后竟不知所终。

慈禧随葬夜明珠的故事已经家喻户晓，但它究竟是一件怎样的珍

慈禧出殡时的场景

宝呢？

清代正史并没有慈禧随葬夜明珠的记录。由李莲英的侄子李成武撰写的《爱月轩笔记》中也没有相关记载。那么，这颗夜明珠是否只是一个传说？

最早关于慈禧随葬夜明珠的记录出现在《盗陵案》一书中，记载的夜明珠与其后历史记载还有民间传说基本相符，但是孙殿英说的夜明珠可分为两块则没有相应的佐证。

此外，1914年英国驻华记者濮兰德和白克好司曾经转述，慈禧死后"口张而不闭"，这可视为慈禧随葬夜明珠的旁证。

如果真有夜明珠，那夜明珠又有多大呢？

对此，《盗陵案》给出的数据是：质量为"四两二钱七分"。清朝对于金衡实行库平制，1斤等于590克，略大于现在的500克。据此推算，慈禧夜明珠的质量是78.28克拉。

《盗陵案》一书、盗陵案发后国民政府的调查报告以及盗匪们的回忆录都告诉我们，随葬的夜明珠大约充满了慈禧的口腔，所以盗匪必须撬破她的牙床才能把它取出来。

"十羊九不全"的说法祸起慈禧吗

中国民间有个说法："十羊九不全。"就是说：属羊的人命不好，十个中有九个人是家人不全的，不是从小没有父母，就是中途丧偶，或是没儿没女。

由于这个原因，属羊是人们比较忌讳的，人们往往躲开羊年生育。很多人扎堆马年生孩子导致一些医院人满为患，月嫂价格也随之水涨船高。那么，羊年出生的人命真的不好吗？

对于"羊命论"，中山大学中文系教授、中国民俗学会副理事长叶

后宫逸事

春生驳斥道："人们属什么都有好运的。以前看过一本统计不同生肖历史名人的书，如果属羊的命不好，那属羊一章岂不是写不出来？羊是六畜之一，在古人眼里，羊和很多美好的事情有联系，如'祥''美'等。羊只是属相的一个标识，与人的命运没有关系。至于生肖如何扯上宿命论，是旧时代的伪科学。"

中国民俗学会荣誉会长刘魁立表示："十二生肖这套符号系统仅仅是纪年的一种办法，并不是实际的这个时间会带来物理性的功能。古人用这套符号系统做时间计算系统的时候，一开始并没有特意的说马年好羊年不好，假如是这样的话，人们就不会选羊年了，而会选择一个别的。古人用某种动物表示年份，显然不想把某一个年份做成坏的，而另外一个年份做成好的。"

北京市文史研究馆馆员、民俗专家赵书认为："'十羊九不全'的说法没有科学根据，十二生肖均有吉祥寓意。在十二生肖中，'未羊'顺居为老八，'八'同'发'音，寓意吉祥。未羊生肖歌为'未羊顺居为老八，吉祥如意百事发。五羊衔穗风光好，跪乳孝行堪当夸'。在古代，'羊'与'祥'是通假字，表示如意快活的样子。与'羊'有关的文字有很多，如羊大为美、羊言为善、羊我为羲。"

羊性格温顺，外形好看，中国与羊相关的古代工艺品也有很多，比如殷商青铜四羊百乳雷纹铜罍、河北满城中山靖王刘胜青铜羊灯等。

历史上不乏属羊的帝王将相、文人士子，如曹操、司马懿、北魏孝文帝、唐太宗李世民、欧阳修、司马光、岳飞、清太祖努尔哈赤……

那么，"十羊九不全"的说法到底源自何时呢？

清朝咸丰年间之前，从未出现过"十羊九不全"的说法。相反，历史上认为属羊的人命好，是安定、富裕、美好的象征。

"十羊九不全"的说法首次出现，是在慈禧执政期间。因为慈禧属羊，为了推翻她的统治，民间四处宣称属羊的人命不好，从而在精神上对她造成打击。况且曾国藩、李鸿章都属羊，再加上清朝末年吏治的腐败，使百姓对属羊的几个王侯将相心生厌恶。再加上后来同盟会的煽风点火，导致了此说的流行。

"十羊九不全"也是为了反对帝制的需要。因为袁世凯属羊，国民党为了推翻袁世凯帝制，咒骂"八月羊，挨刀杀"。

因此，属羊的人命不好、"十羊九不全"等说法可以说都是迷信说法。

井底情——光绪帝和珍妃局促的爱情

光绪帝是生来不自由的，几乎一生都过着傀儡的生活，短暂的几天名不副实的归政，在刚想振翅高飞时被一声戊戌政变的惊雷吓倒，又被一张弥天大网永远地束缚在了瀛台，此后只是一只惊弓之鸟，连生死也在别人的弹指间。

身为帝王，自由、见闻还比不过一只井底之蛙。所幸，在这样百无聊赖的一生里，有这样一个与众不同的女人来到了井边，在黯淡的井水面上映出了一张抚慰人心的娇容。

井底的爱情，终究是拘束的；井底的爱情，终究是悲哀的。当这个女人也被投入井中时，水面的破裂，也是帝王之心的碎裂……

珍妃真的是投井自尽吗

光绪帝在政治上一生都郁郁不得志，而他的婚姻也是同样的不幸。他选皇后，完全没有自主权利，而是被慈禧做主挑选了一后二妃。他的皇后隆裕是慈禧的亲侄女，慈禧这样做是为了更好地控制和操纵光绪帝，达到把持朝政的目的。

不幸中的万幸，两名妃子中有一名还是博得了光绪帝的欢心，她就是珍妃。

珍妃入宫之初是珍嫔，她活泼开朗，精于琴棋书画，很受慈禧的喜

爱。1894年，慈禧六十大寿，宫内的人都得到了不同程度的封赏，珍嫔和姐姐瑾嫔也沾了慈禧六十大寿的喜气，同时被晋升为珍妃和瑾妃。这年珍妃刚满十九岁。

珍妃是一位很有个性的女子。在封建社会，嫔妃多是皇帝传宗接代的工具和举行典礼时的陪衬，可是珍妃却活泼好动，喜欢新生事物，喜欢无拘束的生活，对宫中的繁文缛节和枯燥呆板的生活十分厌恶。珍妃很少攀缘权势人物，皇宫中的尔虞我诈、钩心斗角让她极为反感。皇后母仪天下，嫔妃们必须服从皇后，可珍妃不理这一套。珍妃的这种性格，在礼法森严的皇宫显得格格不入。

也许是对慈禧插手自己婚姻的一种反抗，也许是追求幸福和自由的一种选择，光绪帝非常喜欢珍妃这无拘束的性格。在大婚后的一段时间里，光绪帝与珍妃过着一段最美的时光。这段时间里，光绪帝几乎每天都会召幸珍妃，而且隔三岔五地就会到珍妃所在的景仁宫去一趟，关系亲密和睦。

隆裕皇后对此嫉恨不已，常常跑到慈禧面前说珍妃的坏话。光绪二十年（1894年）十一月，慈禧以"不尊家法，干预朝政为名"，下令内监李莲英杖责珍妃，甚至瑾妃也受到了牵连。同时，珍妃手下的太监高万枝被处死，其余太监或被发配充军，或被立毙杖下，或被秘密处死，甚至连伺候珍妃的白姓宫女也被驱逐出宫。

珍妃和瑾妃姐妹二人被降为贵人，一年以后才又恢复妃号。慈禧还把严惩珍妃的懿旨制成两块禁牌，一块给珍妃和瑾妃，要求她们谨言慎行；另一块给隆裕皇后，让她好生看管瑾珍二妃。

关于珍妃的死因有很多种。根据《清宫遗闻》中记载，当时慈禧挟光绪帝西逃，所有准备出逃的人都换上百姓的布衣，慈禧突然想到了珍妃，命人把她带来。可此时珍妃心中仍然牵挂着光绪帝，她冒着激怒慈禧的危险，跪求慈禧把光绪帝留在皇宫来主持议和事宜。

真正惹怒慈禧的，是珍妃说的两句话。第一句是："皇爸爸（指慈禧）可先暂避，皇上可留京主持大局。"第二句是："我要见皇上，皇上

后宫逸事

没叫我死！"

这两句话背后的意思是：光绪帝才是真正的皇帝，慈禧不是！这是慈禧最不愿听到的话。因此，盛怒之下，慈禧命令太监二总管崔玉贵将珍妃推入了慈宁宫后贞顺门的井中。这显然已经违反祖制了，因为珍妃是满族人，按祖制，应赐自尽，而不是叫人推入井中。

慈禧西逃返宫以后，想平息珍妃之死事件。为了掩人耳目就将崔玉贵赶出了宫中，声称自己当时只是在气头上，并没有想把珍妃淹死在井里，是崔玉贵自作主张把珍妃推下去的。珍妃死的时候年仅二十五岁。

新中国成立以后，《故宫周刊》还曾采访过目睹珍妃被害的太监唐冠卿，唐冠卿也力证是慈禧下令害死了珍妃，执行这个命令的是太监崔玉贵。崔玉贵在清亡后，也承认是自己奉慈禧之命推珍妃下井的，他还说："我不会忘掉那一段往事，那是我经历的最惨最惨的一段往事。回想过往，很佩服二十五岁的珍妃，说出话来比刀子还锋利，死到临

珍妃井

头，一点也不打颤，'我罪不该死！皇上没让我死！你们爱跑不逃跑，但皇上不应逃跑！'这三句话多在理，呛得老太后一句话也回答不上来，只能耍蛮。在冷宫里待了三年，能说出这样的话，真是了不起。"

慈禧与光绪帝的恩怨情仇

戊戌政变之后，慈禧就明白，这次政变使光绪帝与她之间没有了和好的可能。所以从那时起，慈禧就一直谋划着废黜光绪帝。

不过这个计划因种种原因未能实施。慈禧之所以不急于改变现状，是因为她太自信。她认为只要自己活着，光绪就逃不出她的手心，时间有的是，机会多的是。但当庚子年八国联军进逼北京，清兵无力阻挡，慈禧感觉走投无路而准备自杀时，她就决定不能让光绪帝活在世上了。

《景善日记》有相关记载："老佛爷言，出走不如殉国，并令天子亦殉之。"就是说，当时慈禧就已经决定，她自己如果殉国的话，决不会留光绪帝独活在世上。

《景善日记》还有一处比较重要的记载："荣禄乃极聪明之人，自此并不表曝己之先见。"荣禄是一直反对利用义和团攻打洋使馆的，但慈禧不听取荣禄的意见，一意孤行，最终将事情闹得无法收场。此时，面对荣禄，慈禧的心中既羞且愧，如果这时荣禄再宣称自己的先见之明，即使没有责备慈禧的意思，也足以令慈禧恼羞成怒。所以，荣禄是聪明的，他小心翼翼地不触碰慈禧的羞愧处。

而光绪帝不像荣禄那样老奸巨猾，懂得小心庇护慈禧的羞愧，因此吃了亏。

当八国联军进京，慈禧仓皇西逃时，她终于认识到治理国家不能再按老一套了，而必须维新变法。这时，慈禧面对光绪帝，当然是既羞又愧，即便面对群臣也有所表示，如《庚子国变记》记载："太后每见臣

工，恒泣涕引咎。臣下请行新政，多所采纳。"不过，这只是挽回人心的一种需要，"泣涕引咎"也只是掩饰羞愧的一种方法。

经过朝臣多方交涉，八国联军退出京城后，慈禧和光绪帝重新回到了北京城。回銮不久，大臣就建议筹款重建被大炮炸毁的正阳门楼。光绪帝说："何如留此残败之迹，为我上下儆惕之资。"但慈禧不以为然，同意了大臣的重建主张。

好了伤疤忘了痛，慈禧在后宫刚一安定下来，就召集外优演剧。光绪帝听说后说："这何等时光，还唱什么戏！"这话被一个小太监听到了，小太监怒喝："你说什么？"光绪帝赶紧低声下气地说："我胡说，你千万莫声张。"

这样一个实话实说的光绪帝，常在不经意间，让慈禧羞愧，甚而恼羞成怒。光绪没有荣禄的心机，所以他对慈禧的深仇大恨，尽管时时掩饰，但还是在一些小事上不经意地就流露出来了，时时刺激慈禧的羞恶之心，使她时时牢记不能放过光绪帝。这样，在她自知将死之时，首先想到的便是先杀害光绪帝。

光绪帝对慈禧的深仇大恨又来自哪里呢？

光绪帝或许能原谅慈禧对自己的十年幽禁，毕竟慈禧是他名义上的娘，在宫中养大了他，并将他扶上了皇位。但是，光绪帝无论如何都不能原谅慈禧害死自己心爱的女人——珍妃。

对珍妃被害的遗恨，像凝聚剂一样，一下子就凝聚、吸附了以往零零碎碎的恨：少年时光慈禧对光绪帝的不近人情，戊戌政变对光绪帝的长期幽禁，"西狩"前夕对珍妃的残忍迫害，回銮之后仍将光绪帝羁押在瀛台……凡此种种，光绪帝怎能不恨她？光绪帝对她恨之入骨，对她恨得咬牙切齿。

光绪帝和珍妃

不过光绪帝虽然恨慈禧，但以光绪帝的个性，应该不会在慈禧死后对她进行污蔑欺侮，更不会剖棺戮尸。但就怕以小人之心度君子之腹，慈禧素来恶毒，自然以她的心肠来衡量别人，她干过剖棺戮尸的恶行，怎能不提防别人也会这样子来对待她呢？于是，痛下杀心。

后宫逸事

溥仪——不幸的皇帝，失败的丈夫

溥仪，中国历史上最后一位帝王，他落寞的身影，永久地在夕阳下兀立。

过早地被抱上了龙椅，又被狠心地赶下了龙椅，赶出了紫禁城，虚妄的自尊令他只得在家中为帝，为复辟做着无望的努力。这是一个并不成功的皇帝。

两个女人，前前后后折磨得他无尽心烦。他不懂怜惜，终使两个女人前前后后离他而去，一个离婚，一个出轨。他是一个失败的丈夫。

中国历史上第一位离婚的皇妃——淑妃文绣

在中国历史上，有多少美女佳丽都希望能够得到皇帝的"龙"眷，成为一只高高在上的人间凤凰。为了争宠，她们明争暗斗，使尽伎俩，胜者享尽荣华，败者堕入冷宫。在男权时代，即使是失宠的妃子也只能默默承受命运的悲剧，但在现代史上有一名妃子却因为与皇帝离婚而得到了自由，此人就是末代皇帝爱新觉罗·溥仪的淑妃文绣。

鄂尔德特·文绣又名蕙心，是满族鄂尔德特氏端恭的女儿。她的父亲是正宗的满族镶黄旗人，母亲是汉族女子。文绣有一个比她小两岁的妹妹文珊。

1912年2月12日，宣统皇帝退位，大清朝结束。然而，根据当时签订的《清室优待条件》，溥仪仍在紫禁城里做他的小皇帝。而且在1922年，溥仪举行了盛大的婚礼，按照皇家礼仪迎娶了一后一妃：皇后为婉容，妃子为文绣。

刚进宫时，溥仪对文绣比较关心，给她聘请了汉语和英语教师，而且经常到文绣的寝宫与其论诗品文，还带着文绣外出放风筝，去景山游玩……可是，这种融洽的关系渐渐被婉容破坏了。

1924年，溥仪被赶出紫禁城，他带着婉容、文绣等人来到天津，住在张园。此时的溥仪虽已降为公民，但在张园内仍以皇帝自居，身边的人也受到"皇法"的约束，而文绣则遭受着不公正的待遇。

1929年，溥仪一家从张园搬到静园，婉容对文绣的排挤变本加厉。她想成为溥仪唯一的女人，文绣成了她跟前的最大障碍。

末代皇帝溥仪的妃子文绣长期禁锢在深院，不仅溥仪对她绝情，皇后婉容也对她无礼。文绣心情郁闷，整日想着自尽一类的事情。幸亏妹妹文珊前来安慰。

有一天，文珊将玉芬带到了文绣的屋子里。玉芬是思想解放、追求婚姻自由的新女性。她与文绣是表姐妹，感情很好，又是冯国璋的大儿媳。听了文绣的哭诉后，玉芬突然问她为何不离婚。文绣惊诧万分，不知所措，但无疑这事已在她心里起了涟漪。

临走时，玉芬又强调了一遍："你好好想想我的话。如果你愿意，外面的事，包括请律师，我都可以给你办好。"

几天后，玉芬再次前来探望，文绣交给她一千元，请她与文珊一起在外面帮忙。

1931年8月25日，文珊来到静园。

淑妃文绣

后宫逸事

午后，文珊对溥仪说，姐姐心情郁闷，她想陪姐姐出去散散心。溥仪勉强答应，令一名太监跟随。

文绣姐妹坐上溥仪的专车出了静园大门后，令司机一直开往国民饭店。下车后，两人直奔37号房间。随行太监惊疑不止，却不敢多问，只好紧紧相随。进房刚刚坐稳，文珊突然对太监说："你先回去吧，淑妃就留在这儿啦，还要向法庭控告皇上呢！"

听了这话，太监赶紧长跪，苦苦哀求淑妃回去。文绣却态度坚决地从衣袖中取出三封密函，交给太监说："今日之事与你无关，你可拿着这几封信，回去转告皇上。"太监接过信还想哀求，这时三名西装革履的先生推门进来，他们就是玉芬请来的三名律师——张士骏、张绍曾和李洪岳。

溥仪阅信后大惊失色，即命太监速去饭店寻回文绣。谁知文绣姐妹早已离开饭店，只有三名律师还在。律师对太监说："文绣女士让我们转告各位，你们回园转告皇上，按信中所提条件考虑办理吧！"

当晚的静园上下乱成一团，溥仪派人四处搜不到文绣，只得又派"代表"企图去说服三名律师，说"皇上与淑妃伉俪情深，绝无虐待之事，请勿误会"，并以"皇上"的口吻提出"不许文绣离婚"，还要求文绣回到静园。但文绣的律师针锋相对，一口回绝了他们的要求。

第二天晚上，双方律师进行了第一轮会谈。

林廷琛代表溥仪提出：溥仪可以不再坚持"不许离异"一节，但以溥仪的身份，不能起诉，也不能登报声明。

文绣的律师则提出：文绣坚决不回宫，同时要求溥仪支付赡养金五十万元，否则便要起诉。

对方认为五十万元是漫天要价，这次会谈因双方分歧太大，没有达成协议。

舆论界的声势已远远超过案件本身，天津的《大公报》《华北新闻》等报刊都赫然醒目地刊登此事，北京、上海等地的报纸也纷纷转载。转瞬间，举国皆惊。封建卫道士们因此事的激发，突然间都从地下钻了出来，对文绣出走大加鞭挞。甚至连文绮也借着"族兄"的帽子，对文绣指手画脚，以公开信的方式规劝"族妹"赶紧悬崖勒马。文绮此信一出，紧随其后的，是雪花似的攻击文绣的文章，欲置文绣于死地。

面对来自四面八方的攻击，文绣承受着巨大的心理负担，但她并不屈服。当双方律师再一次见面谈判时，文绣也到了现场。溥仪的律师林廷琛尽量想以委婉的口气劝说文绣，文绣掩面啜泣："我到现在还是一个老处女，素常受尽虐待，现在唯有请张律师等依法保障我应享的人权罢了。"

溥仪一方的阵容越来越大，几乎全国各地的遗老们都出动了，参与了这场史无前例的"讨妃"行动。不过，实质性的进展还是在双方律师间进行的。

在双方律师的交涉过程中，文绣坚持的条件是：一是与婉容分居，分居后溥仪每月至少要与文绣同居两次；二是拨给文绣生活费五十万元。

第一个条件溥仪没有异议，但遭到了婉容的强烈反对。

第二个条件的谈判仍在持续进行中。谈了好多次，赡养费由五十万元降到十五万元，但溥仪仍不接受。最后，郑孝胥向溥仪建议：可以给文绣五万元，但只能每月取息为主，不能提本。同时要文绣先接受三个条件：不得改嫁；住在娘家，不住别处；不得做有损皇室名誉之事。文绣通过律师接受了三个条件，但要求一次付给十万元。

事实上，文绣并不像外界传言的那般绝情。溥仪曾请叔父载涛以族人的名义出面调停，会见了文绣。

婉容宫廷照片

文绣对溥仪确实仍有许多留恋，她对载涛说："我生是皇家的人，死是皇家的鬼。我从未想过再嫁人。涛七爷，您就跟皇上说，让我好好过日子，给我那笔钱吧。"

载涛把王公们的意思带给了文绣，表示以后由溥仪每年支付生活费用六千元，让文绣寄居于北平太妃处。但这样的条件被文绣拒绝，谈判又陷入了僵局。

不知不觉，时间已到了 1931 年 10 月，文绣的律师觉得这样耗下去不是办法，于是征得文绣的同意后，于 10 月 15 日向天津地方法院提出调解离婚的请求。溥仪在当月 20 日接到天津地方法院发来的"调解传票"，这使他感受到了"颜面受损"的威胁。他心烦意乱地吩咐律师："我已没时间耗下去了，尽快私下解决此事。只要不上法庭，一切都好说。"

1931 年 10 月 22 日，中国末代皇帝溥仪与淑妃文绣正式签订《离婚协议书》。

几天后，天津地区不少报纸刊登出"宣统皇帝"的"上谕"："谕淑妃文绣擅离行园，显违祖制，应撤去原封位号，废为庶人。钦此。宣统二十三年九月十三日。"

离婚后，文绣回到北平居住，深居简出，埋首读书，后用傅玉芳的名字到一家私立小学教普通话。她还一度在华北日报社任校对员，过着平凡的生活。后来，文绣通过华北日报社社长张明伟的介绍，和国民党少校军官刘振东结婚。

文绣与婉容：一个离婚，一个出轨

其实在溥仪婚后的前两年，溥仪、婉容、文绣三人关系相处得还算融洽。溥仪对于她们也能一碗水端平：他与婉容有共同语言，恩恩爱爱；对文绣也很不错，文绣不会英语，溥仪特地为她聘请老师教习，他常去她的宫里坐坐，聊聊天，关心她的学习进步。溥仪出宫也常常将皇后、淑妃一同带在身边。

不过，二女共侍一夫，免不了有所猜忌，这本是情理之中的事。但婉容对文绣确实比较挤兑。

婉容是名门闺秀，接受的是西式教育，加之正宫娘娘的尊贵身份，不免有些高傲霸道；文绣出身于一个没落的满洲贵族家庭，接受的是传统的三从四德的教育。两人的生活方式相差很大，相处久了，不仅没能缩小差距，反而增加了矛盾。

婉容与文绣针尖对麦芒，有时竟闹到溥仪面前，让圣上为她们“断官司”。溥仪起初还能公平决断，但渐渐地为了减少婉容的啰唆，就很少到文绣的宫里去了。就像溥仪自己说的“差不多我总是和婉容在一起，而经常不到文绣所住的地方去”。

后妃的争斗中，溥仪的天平越来越倾向于婉容，对文绣越来越疏远了。这种厚此薄彼的现象到了三人住进天津张园、静园后变得越来越明显。

1924 年 10 月 23 日，冯玉祥发动北京政变，随即颁布了《修正清室优待条例》文告，“永远废除皇帝尊号”，清室被扫地出门。溥仪一家人离开紫禁城，皇帝、皇后、皇妃的尊号废止。

1925 年 2 月，溥仪在日本便衣护送下，化装成商人乘火车潜入天津。不久，婉容和文绣等皇室成员，也移居到了天津的张园与溥仪会合。张园建于 1916 年，系清末驻武昌第八镇统制张彪的私人花园。

1929 年 7 月 9 日，溥仪一家又迁居到同一条街上的乾园。乾园本是北洋军阀陆宗舆的私人公馆，溥仪携婉容、文绣等搬到乾园后，将这里改名为“静园”，表面上是取“清静安居、与世无争”之意，实际上暗寓“静观其变、静待其时”，以图东山再起。

被逐出皇宫，对溥仪的小朝廷而言是一场灾难，但对婉容来说，却是如鱼得水，因为行动自由多了。

年轻时的溥仪

天津是婉容成长的地方，本来就属于她的世界。因此，婉容精神焕发，一改宫中的装束，换上了时装旗袍和高跟鞋，还烫了头发。

婉容是上流社会出身，生活奢华，又追求西化，对于购买昂贵首饰、做高档时装、吃燕窝海参等消费，视为家常便饭，消费时连眼都不眨一下，自有溥仪在后边拎包买单。

为此，文绣大受刺激。于是两个人开始了比赛，今天你买一件，明天我买一件，只挑贵的买。几个月下来，两个人屋里都堆满了钢琴、钟表、收音机、西装、皮鞋、眼镜等各种奢侈而无用的物品，以致这种物质刺激后来竟发展成婉容、文绣之间争宠的手段。

溥仪在《我的前半生》中称之为"竞赛式的购买"，他写道："婉容本是一位天津大小姐，花钱买废物的门道比我多。她买了什么东西，文绣也一定要买。我给文绣买了，婉容一定要买，而且花钱更多，好像不如此不足以显示皇后的身份。"

当时，朝廷经济已大不如从前，财政捉襟见肘，这种竞争式的挥霍行为必须遏止。如此一来，婉容在物质上的虚荣追求，就难以继续满足，婉容自然不满。她抬出皇后的身份，认为皇后的地位远高于妃嫔，如要裁减，也只能裁减文绣的开支，而不可限制她的消费。

婉容与文绣闹得如此水火不容，溥仪却不愿居间平衡，总是偏袒婉容，指责文绣，甚至不许文绣在公开场合露面。

在溥仪的回忆中有这样一件事：一天，文绣独自外出，回来后在院子里吐了一口唾沫，恰巧婉容坐在旁边，误以为文绣是在侮辱她。于是婉容将这件事报告给了溥仪，要求他派手下的人前去斥责文绣。文绣

蒙受不白之冤，便来到溥仪的房间想向他说明情况，溥仪却将她拒之门外，狠心不见。

还有一件事：农历七月初七，本是鹊桥相会的美好日子。晚上，溥仪与婉容在院子里有说有笑，文绣独自在屋里，自觉此生无望，便拿起剪子捅向自己的肚子，幸好被太监拦了下来。太监将事情禀告溥仪，溥仪听后却生气地说："不用理她！她惯用这种伎俩吓唬人，谁也不要理她！"事后婉容有些害怕，吃晚饭时对溥仪说："也把淑妃叫出来一起吃饭吧！"溥仪回绝婉容："不用！你如果叫她出来，我就不吃饭了！"

可见此时在溥仪眼中，文绣已经是一个只会"一哭二闹三上吊"的妒妇了，二人之间的感情早就没有了。于是，在婉容的排挤与溥仪的绝情之后，文绣最终选择了离婚。

文绣离婚后，溥仪感到颜面大失，他丝毫没有意识到自己的过失，反而将责任一股脑儿推给了婉容。在他看来，是婉容的争风吃醋挤走了文绣。因此，文绣走后，溥仪对婉容也起了反感，很少到她的房间里去，曾经恩爱的夫妻离得越来越远。

婉容失去溥仪的欢心后，只能靠抽鸦片来打发寂寞的时光。东北沦陷时期，溥仪与婉容从表面上看仍是夫唱妇随，但实际上只是挂名夫妻。缺失感情抚慰的婉容不仅鸦片抽得愈来愈凶，甚至开始和别人幽会。

1935年，婉容生下了别人的孩子，溥仪大怒，将她打入"冷宫"，二人曾经的恩爱至此完全烟消云散。

溥仪婚姻的不幸，一半源于陈旧的婚姻制度，一半是因为他自己不会处理婚姻关系。只能说，溥仪不仅是一个不幸的皇帝，也是一个失败的丈夫。

宫女与太监，一个容易被忽略的群体

后宫那么大，尽管佳丽已三千，却还只占了很小的一部分。

后宫中的绝大部分是宫女与太监。这占了后宫大半部分的群体，却是一个极易被忽略的群体。但关于他们，也有探之不尽的秘密。

知道宫女是如何生活的吗？知道太监也是可以娶妻的吗？知道历史上的一次宫女造反吗？知道李莲英的事迹吗？且看文中分解。

宫女在宫中过着怎样的生活

宫女在古代的皇宫里是专门服侍皇帝和妃子们的奴仆，其主要任务就是每天负责和照顾皇帝、皇太后、皇后及嫔妃们的日常生活起居。

根据相关记载，宫廷里的宫女有着很多的清规戒律，这些制度严重地束缚着宫女们的思想和身体。

新宫女入宫后，不会直接去服侍皇帝和后妃们，而是由老宫女教授一些宫里的规矩。实际上就是先成为老宫女的丫鬟，老宫女可以随意打骂她们。新来的宫女们从天亮一直忙到深夜才能入睡。

宫女的穿着打扮也有非常严格的要求，比如不能涂抹胭脂水粉，穿的衣服必须都是素色的等。宫女的饮食还算不错，但不能吃得太饱，更不能吃一些带有刺激性气味的食物，如葱、姜、蒜等。

对宫女的睡姿也有要求，宫女睡觉时不能平躺，只能侧身睡觉。这

清朝时宫女出宫照片

是因为宫廷里的一种迷信行为，认为仰首就能看到神仙，如果宫女睡觉头朝上，是对神灵的大不敬。

太监也是可以娶妻的吗

历史上，太监并不全是孤家寡人，但凡有条件的，不仅可以娶妻，还可以妻妾成群。

西汉元帝时的太监石显就有妻子，东汉灵帝时的"十常侍"之一太监王甫也有妻子，北魏太监刘腾娶妻，唐玄宗时期著名太监高力士曾娶吕玄晤的妹妹为妻，肃宗时专权的太监李辅国娶元擢的女儿为妻，清代大太监"小德张"一生娶有四个老婆……

当然，这些都是比较显赫的太监，而一般太监也可以有伴侣。

汉朝有"对食"的说法。所谓对食，按字面理解，就是对着面一起搭伙吃饭。实际操作也大致如此，宫里寂寞的太监、宫女们，往往也

会搭个伙吃个饭什么的，久了，就住在一起，成为临时伴侣。这些情况，皇帝一般也都知道，只是出于人文关怀，大多也就睁一只眼闭一只眼了。

明朝初年，朱元璋对太监与宫女之间的这种行为深恶痛绝并严加取缔，对娶妻成家的太监更处以十分残酷的剥皮之刑。但自永乐之后，太监地位上升，这一禁令随之烟消云散。

明永乐之后，太监与宫女之间的伴侣关系，有"菜户"之称。菜户与对食是有区别的。对食可以是太监、宫女之间，也可以是同性之间，且大多具有临时性；而被称为菜户的宫女与太监，则多共同生活，形同夫妻，具有相对的稳定性。

最初，因为值房太监和司房宫女接触较多，便逐渐产生了感情。太监以此为基础，主动替宫女采办日常用品，以表达追慕之情。宫女如果相中此太监，就可以结成伴侣，成为菜户。菜户在明代宫中是公开允许的，即使是皇帝、皇后有时也会笑问太监"汝菜户为谁"，太监只需要如实回答就可以了。

古代太监宫女对食图

结为菜户的宫女、太监，多在花前月下盟誓，终生彼此相爱，不再与别人发生感情。太监如果发现他所爱的宫女移情别恋，往往万分痛苦，但不会对宫女如何，却常常与其情敌发生尖锐的冲突。

如万历年间郑贵妃宫中的宫女吴氏，曾和太监宋保相爱，后来又移情于太监张进朝。宋保不胜愤怒，终至万念俱灰，出宫削发为僧，一去不返。

壬寅宫变，宫女也要造反

嘉靖帝通过逼迫杨廷和退休、严惩在左顺门请愿的官员、提拔张璁等拥护者、惩戒杨慎等反对派，树立起自己的绝对权威。但谁也没想到，就在他踌躇满志的时候，一群宫女竟然虎口拔牙，几乎把这个不可一世的皇帝给勒死。这就是历史上有名的"壬寅宫变"。

说起壬寅宫变，先来介绍嘉靖帝的身世。

嘉靖帝的父亲朱祐杬一共有四个子女——两个儿子和两个女儿，嘉靖帝朱厚熜是最小的儿子。不过这四个孩子中，只有朱厚熜一人活得比较长久：大儿子在出生之后五天就夭折了，大女儿在四岁的时候病死了，二女儿也没能活过十岁。

嘉靖帝十三岁的时候，父亲朱祐杬也病死了，只剩下他和母亲相依为命。母亲对儿子格外关切，是因为母子情深，更是因为前面三个子女的夭亡，以及仅存的这个儿子朱厚熜的身体也并不硬朗。

朱厚熜从小就体弱多病，做了皇帝后，成为后宫之中唯一的男人，随之而来的问题就更多了。朱厚熜十五岁开始做皇帝，在前殿，和他讨论国事的是须眉男儿；而在后宫，朝夕相处的，除了太监之外，全是女人，而且，这些女人又都是精心挑选出的。

一个尚未成年的只有十五岁的男人，一个本来就体弱多病的男人，面对如此多的如花似玉的女人，而且，这些美女可以由他随意占有，问题就严重了。

于是，有人就向皇帝建议了。建议有两种：

第一种，劝说皇帝清心寡欲，不要纵欲过度。在中国历史上，能够接受这种建议的皇帝并不太多，很显然，嘉靖帝也在不能接受的行列。

第二种，建议皇帝强身健体，增强各方面的能力。显然，嘉靖帝接

受了这样的建议。但是，那些建议的人并没有让嘉靖帝练习华佗发明的"五禽戏"、朱元璋发明的"洪拳"或者太极拳等，而是不断有人给他进献房中之术，炼制不老丹。

嘉靖十三年九月，当时的嘉靖帝年仅二十八岁，却因病连续一个月没有上朝。而在这之前，更因为身体问题，嘉靖帝已经连续两年没有亲自祭天了。

皇帝因病连续一个月不上朝，这并不少见，但连续两年不祭天，在嘉靖帝之前却是前所未有的。即使是不守规矩的正德皇帝，也只因为南巡时滞留南京而耽误了一次。当时他在淮安落水，一病不起，但回到北京后还是补行了第二年的祭天礼。可见祭天的重要性。

皇帝自称天子，俗话说"君权神授"，既然是上天的儿子，如果连祭天这样重大的事情都不亲自去做，皇帝也就缺乏基本的为人子、为人君的品质了，这皇位的合法性也就值得怀疑。

事实上，嘉靖帝既然以"议礼"而建立自己的统治权威，那么在祭天的问题上他是毫不含糊的。从嘉靖元年到九年，嘉靖帝在每年的孟春时节祭天地于南郊，亲自为之。礼制改革后，在嘉靖十年、十一年，嘉靖帝在每年的冬至日，都会亲自到南郊祭天。但嘉靖十二年、十三年的冬至，因为身体原因，嘉靖帝都没有亲自祭天，由此造成的舆论影响十分大，所以他不得不反复作出解释。

皇帝和普通人一样，有病就应该治疗。皇帝又跟普通人不一样，治疗并不仅仅是把病治好。

皇帝身体不好，体弱多病，那就应该好好调养，不能有过多的欲望。但满眼都是秀色，处处都是诱惑，嘉靖帝自己就把持不住了。另外，那些年轻美貌的嫔妃，谁又愿意守着一个专心养病的皇帝呢？她们都希望皇帝能够身体强壮。

这两个方面的需要，都只能寄托在一种人身上，这种人既能给皇帝治病又能让皇帝迅速强壮。于是，一道圣旨下去，隔着千山万水地召来了两个人：一个叫邵元节，一个叫陶仲文。

邵元节是江西贵溪人，是龙虎山"上清宫"的道士。在当时，江西贵溪县龙虎山的上清宫可是了不起的地方，是天师道的"祖庭"，世代相传的张天师就住在上清宫，总领天下道教。所以这个贵溪也就以盛产道士著名，邵元节就是当时龙虎山最著名的道士之一。人们相信他能祈雨、祈雪，也相信他能治病，特别是能治疗不育症。

　　嘉靖帝即位后，身体不好，有人便向他推荐邵元节。邵元节应召来到北京后，立即得到皇帝的接见，被安排在当时北京著名的道观"显灵宫"居住，专门负责皇家的祭祀祷告。

　　尽管文官们对嘉靖帝宠信邵元节十分不满，但邵元节并非浪得虚名。有一段时间，北京该下雨的季节没有雨，该下雪的时候不下雪，但经过邵元节的祈祷，雨雪竟然就下了；嘉靖帝尽管后宫佳丽三千，却没有一个能够给他生下孩子。但自从按照邵元节的要求调养身体、崇信道教、吃了药物之后，三年之中，嘉靖帝竟然"皇子迭出"。

　　有如此大的本领，嘉靖帝怎么能够不信任邵元节？此后，嘉靖帝更加笃信道教了。邵元节弥留之际，又向嘉靖帝推荐了术士陶仲文。从某种意义上说，正是陶仲文的出现，促成宫女对嘉靖帝的谋杀。

翊坤宫

后宫逸事

陶仲文是湖北黄冈人，本来在黄梅县为吏，却学了龙虎山道士驱邪捉鬼的伎俩。后来因事到京城，通过朋友的介绍，住进了邵元节在北京的宅子。邵元节很欣赏陶仲文的法术，将其推荐给了嘉靖帝。陶仲文为嘉靖帝的儿子治好了天花，所以立即得到嘉靖帝的信任。

但是，尽管邵元节和陶仲文能够帮助嘉靖帝"皇子迭出"，却无法从根本上改变嘉靖帝的体弱多病。为了满足嘉靖帝的需要，陶仲文使出了全身解数，并且冒着风险为嘉靖帝配制所谓的长生不老药。

但是，通过服药进补只能带来身体上的暂时性强壮，灵验的时候固然有，不灵验也是十分正常的事情。但嘉靖帝并不认为不灵验是自己身体的问题，却认为是对方配合不力才导致了药物的失效，因此，嘉靖帝常对无辜的宫女乃至嫔妃进行惩治。

嘉靖帝的性格本来就偏执乖僻，在大礼议中，性格中的凶残更进一步迸发出来。药物失效的次数越多，他对宫女、嫔妃们不满的次数就越多，精神上的病态也就发作得越频繁。他开始把在大礼议中对外廷官员的惩罚办法行之于后宫。宫女、嫔妃稍有不满，轻则厉声呵斥，重则棍棒相加，几年之中，因为细微小事而被打死、吓死的竟有上百人。嘉靖帝的第一个皇后，便是因为受到训斥，惊吓而死。

这种事情对已经没有人身自由的宫女、嫔妃们来说，只能忍受。但面对这些非人的待遇，有几位宫女却不甘忍受，她们准备与嘉靖帝同归于尽。

事情发生在嘉靖二十一年十月二十一日。

这一天，皇帝在服用了陶仲文炼制的药物之后，来到了端妃的住所——翊坤宫。端妃虽然受到嘉靖帝的宠爱，却也时时遭受他的虐待。而侍奉端妃的宫女，更是屡受凌辱和责罚。

在这些宫女中，有一位叫杨金英的，既为端妃打抱不平，也对自己的命运感到担忧。她串联了十几个和她一样饱受凌辱和责罚的宫女，准备在皇帝再次临幸翊坤宫时，与皇帝同归于尽。

有一次，嘉靖帝昏昏睡去，端妃侍候好皇帝歇息，便去沐浴更衣。

趁着这个机会，杨金英等人一拥而上，把嘉靖帝死死按住。嘉靖帝从梦中惊醒，正要叫喊，却被人用布团塞住了口。宫女们虽然平日也要从事各种劳作，但哪里想过要蓄意杀人，而且还是杀当朝皇上。仇恨使她们齐心协力要杀死皇帝，但是，杀死皇帝的胆量和手段她们却不具备，更谈不上娴熟。

她们只知道人是可以用绳子勒死的，所以她们便用一条丝绳把嘉靖帝的脖子套住，然后用手拉扯。嘉靖帝拼命挣扎，她们便又打了一个结。结果两个死结套在一起，越拉越紧，竟怎么也勒不死皇帝。另外几个宫女急了，她们拔下自己的金钗、银簪，朝皇帝身上一顿乱刺。

整个过程，也就短短几分钟的时间，但对宫女们来说，却像是过了大半辈子。眼见皇帝勒不死，有人害怕了，其中一个叫张金莲的宫女，开始感到这皇帝不是人，是"真龙"，是"真命天子"，他的命是归上天管的，不是人为可以谋害的。她越想越怕，连忙跑出翊坤宫，直奔皇后住的坤宁宫去自首。皇后随即带人赶往翊坤宫救驾。

杨金英等人见势不妙，只得抛下皇帝，四处奔逃。但在这皇宫内院，又怎能跑得出去？最后一个个被抓了起来。

皇后一面带人解开套在皇帝脖子上的绳索，一面派人召来御医。此时的嘉靖帝，虽然没有被勒死，却也吓得昏了过去。但他伤势其实并不太重，只是被宫女们乱挥钗簪，扎得浑身是血。

没有被勒死的皇帝被救了，谋杀未果的宫女们，包括那位临阵脱逃、自首报信的，以及端妃，全部被处死。由于这个事件发生在嘉靖二十一年，是壬寅年，又在后宫发生，所以当时的人们和后来的历史学家称之为"壬寅宫变"。

后宫逸事

"皇上不急太监急"这句俗语因何而来

皇帝起居都是有太监在旁侍候的。因为太监是净过身的，所以皇上即使宠幸嫔妃，太监也不用回避，而且还负有观察记录的责任。

皇帝有三宫六院，但宠幸都是有规矩的。如唐明皇风流，"随蝶所幸"，让妃子们头插鲜花排成行，放飞的蝴蝶停在哪位头上，就让哪位妃子陪寝；而清朝是通过"翻牌"来定人选的。皇上晚膳后翻牌，被翻牌的妃子，夜里便到皇帝寝宫侍寝。

妃嫔侍寝时，太监要守候在寝宫外。若超过了既定的时间，太监就会在外面高呼"时间到了"。如果得不到皇上的回声，太监会再次高声呼叫。如此反复三遍，皇上必须回答。而且召来的妃嫔不得陪睡，事毕一定得送回各自的居所。

皇帝虽有至高无上的权力，任何人不敢违抗，但根据大清朝的祖制，皇帝每次房事不得超过三十分钟，这时间由敬事房总管太监掌握。他的职责就是时间一到，就必须履行自己的职责，不管皇帝的兴致有多浓。皇帝不急，太监却一定要急的。否则，就违反了祖训，这失职的敬事房总管太监是要被砍头的。

皇帝也是凡胎，消耗过度也会体亏。有时皇上倦极而眠，随侍的太监得不到的确信，守在外面干着急。这种事情传出宫外，便成了笑柄，故有"皇帝不急太监急"的民谚流传。

魏忠贤为何深得明熹宗的宠信

魏忠贤本是河间府肃宁县的一个市井无赖，原名进忠。他结过婚，有个女儿，家里一贫如洗，他却游手好闲，整天喝酒赌博，偏偏赌运不佳，常受赌友欺侮。他的自宫便是由于一次赌博的失意。

在一次赌输之后，魏忠贤为躲债逃到了一家酒馆，但还是被债主找到并当街痛打一顿。在逼债声与拳脚声中，他情急之下说："我进宫当太监还你还不行吗？"当时在场的人以为这不过是慌不择言，但魏忠贤却真的这样做了。

果敢之外，魏忠贤还有一种机敏的特质。他孤注一掷变卖了家产，买通了熟识的太监，从而迈进了紫禁城的大门。自宫做太监，可以说是当时的一种"时髦"。因为，太监可以接近皇上，一旦获宠，便是享不

魏忠贤生祠遗址

后宫逸事

尽的荣华富贵。

在明朝，宫中太监不计其数，想要在千军万马中挤过独木桥实属不易。魏忠贤万历十七年被选入宫，隶属于司礼秉笔太监孙暹手下，当一名小太监，干些洒扫庭院之类的粗活，并不得志。很快，他投到太监魏朝的门下，改名叫魏进忠。他曾做过天启皇帝生母王才人的典食，管理王才人饮食。后来，他排挤魏朝，改投王安门下，开始了平步青云的人生。

魏忠贤为什么能受宠于熹宗？大体上有这样一些原因：

一是，魏忠贤在熹宗小时候就已经待奉他了。魏忠贤身躯壮大，性格爽朗，能逗人开心，另外，他身体灵活，能玩也会玩。小皇帝刚刚懂事，就喜欢跟在他屁股后头玩。因此，魏忠贤对熹宗的一喜一怒了如指掌，引导皇帝极尽声色犬马之好，使其沉迷在游乐的生活中。魏忠贤常趁熹宗玩耍兴头正浓的时候递上奏章，皇帝无心过问，便推托让他办理，从而给了魏忠贤窃权之机。

二是，有熹宗乳母客氏的帮忙。魏忠贤本是熹宗母亲的厨子，又逐渐和熹宗的乳母客氏发生了暧昧。在客氏成为奉圣夫人后，他也很快由"惜薪司太监"升为"司礼监秉笔太监"。熹宗准许他恢复原姓，又赐予"忠贤"二字作为他的名字。

三是，对于熹宗本人，魏忠贤始终忠心耿耿。这其实也是明代专权太监的一个特征。明代的太监，无论如何专权，对皇帝本人却总是无条件地服从。

李莲英靠什么成为"九千岁"

慈禧大太监安德海因擅自出宫，被山东巡抚丁宝桢密斩，接替他总管太监之职的是李莲英，这人很快成为慈禧最贴心的奴才，且在接下来的四十年中，这位太监在中国的政治舞台上扮演了重要角色。

李莲英是直隶河间府（今河北河间市）人，生于1848年。咸丰七年（1857年），九岁的李莲英通过同乡大太监沈兰玉的介绍，由郑亲王端华送进皇宫而当上了一名小太监。

进宫之初，他叫李进喜，先后在奏事处和景仁宫当差。直到同治三年（1864年），十六岁的他才调到长春宫慈禧跟前侍候。十四年后，安德海身亡，他凭借相貌俊俏、举止有度的优点，深受慈禧宠爱，荣升大太监，慈禧因而给他改名李莲英。慈禧解释说，"莲"是荷花，"英"是花瓣，她自己是老佛爷、活菩萨，当然是要坐在莲花里的。

李莲英是个十分聪明乖巧的人。他从安德海事件明白了应该如何摆正主子和奴才之间的关系。李莲英不仅学会了揣摩主子的脾气和爱好，千方百计地讨主子欢喜，还能时时处处谨慎小心。后来李莲英的墓志铭中说他"事上以敬，事下以宽，如是有年，未尝稍懈"。这算是李莲英成功的秘诀吧。

不过，李莲英最成功的秘诀，还在于他掌握一套让慈禧满意的梳理新发型的技艺，因而当时人称"小篦李"。甚至后来朝中大臣弹劾李莲英

李莲英

时，还在奏章里把李莲英称作"小篦李"。李莲英怎么会有这套让慈禧满意的头上技艺呢？

原来，李莲英出身贫寒，幼年即父母双亡，入宫前做过皮鞋、贩过火药，也曾混迹于风月场所。十七岁那年，他感到混得太艰难了，便把心一横，挥刀自宫做了太监。进宫后，李莲英在其同乡、大太监沈兰玉的帮助下，做了"梳头房"的小太监，其职责仅仅是帮助梳头太监准备

工具。

当时慈禧是咸丰帝的贵妃，既是渴望权力的强人，也是爱美好新的女人，很喜欢在服饰打扮和发型变化上做文章，因而常常弄得梳头太监非常紧张。由于经常挨骂，梳头太监们成天唉声叹气。李莲英得知这个情况后，决定抓住机遇出头，便借故请假一段时间，出宫而去。

李莲英在进宫前听说过烟花女子为了引人注目，其打扮和发型往往别出心裁。这就是李莲英出宫的目的。李莲英找了个杂货店买了一个小竹篮，篮里装了些生发油、宫粉、胭脂等梳妆之物，从此叫卖于八大胡同的花街柳巷。

其后几天，每天日上三竿，正当姑娘们梳妆打扮之时，总会传来"生发油啊，宫粉胭脂……"的叫卖声，姑娘们按捺不住，便一个个轻移莲步，婷婷娜娜下楼去买。她们的发式各有特色，有的如喜鹊登枝，有的如孔雀开屏，有的如天上云霞，有的如水中波影……

李莲英在一边细细观察揣摩那些发式，一一牢记。不几天，他便和这些倚门卖笑的姑娘们混熟了，有时竟得以登门入室。这样一来就给了他隔着水晶帘细细观察姑娘们梳发、盘发的机会。如此一来，各种梳头样式差不多都让他学了个遍。

功夫不负有心人，经过一段时间的模仿练习，李莲英终于熟练地掌握了三十多种新发式的梳理方法。回宫后，李莲英天天苦练梳头本领，感到火候已成，便主动找到了师父刘多生，把学到的手艺添枝加叶地述说了一遍。刘多生同意了他的请求，并把慈禧的脾气、喜好、忌讳、怎么献茶请安、怎么三拜九叩以及其他应该仔细注意的地方细细地给这个徒弟说了一遍，李莲英一一点头记下，只等第二天上去当差。

第一次给慈禧梳头的时候，他大着胆子将在宫外学到的发型梳在了慈禧的头上。梳头完毕，慈禧对着镜子反复察看，随后不禁大悦，脸上乐开了花。就这样，李莲英获得了梳头太监的地位，能够天天接近慈禧，从此迅速发迹。

同治十三年，二十六岁的李莲英接任储秀宫掌案首领大太监的职务。这个职务一般需进宫服役三十年才有资格担任，而李莲英此时进宫刚满十七年。

光绪五年，李莲英出任储秀宫四品花翎总管。随着慈禧日益独揽大权，李莲英的声望和地位也变得显赫起来。李莲英三十一岁的时候，就已经可以和敬事房大总管平起平坐了。

光绪二十年，四十六岁的李莲英被赏戴二品顶戴花翎。虽说这只是一种荣誉的象征，但这是太监中从未有过的。雍正皇帝规定太监品级以四品为限，慈禧却为李莲英突破了祖上传下来的规矩。

令人不解的是，李莲英深受慈禧恩宠，长期侍奉慈禧左右，获赏二品顶戴，成为清末最有权势的太监之一。慈禧与李莲英几十年形成的感情非同一般。慈禧在政治上是一个权力欲望极强、心狠手辣的独裁者，但同时也是一个感情脆弱、害怕孤独的老女人。

几十年来，慈禧身边的奴婢换了一茬又一茬，善解人意的，除了安德海就只有李莲英了。慈禧对李莲英的宠信与日俱增，确实引起朝野的议论和不安。有人说李莲英权倾朝野，收受贿赂，投到他门下就能当高官；有人说他干预朝政，广植私党；还有人说他陷害拥护维新、站在光绪一边的大臣。

光绪三十四年，慈禧驾崩于北京西苑的仪鸾殿。李莲英办理完慈禧的丧事，于宣统元年离开生活了五十一年的皇宫。当时内宫主政的隆裕太后，为感谢他在宫中服役多年，准其"原品休致"，即带薪退休。

作为一个太监，李莲英的身份是卑贱的。但是，由于慈禧的宠爱，他享受到了皇宫太监前所未有的权力和地位。也正因与慈禧的这层特殊关系，他成为中国近代史上臭名昭著的人物之一。

李莲英究竟是怎么死的

　　身为太监的李莲英，因得到慈禧太后的宠信，加之其本身对清王朝的影响，也算得上是清末一个相当有名的人物，那么关于他的死因也就成为后人们关注的问题了。李莲英到底是怎么死的？

　　1966年之前，对于李莲英的死似乎给出了明确的答应，就是得病而死，其过继的后人李乐正也表示，李莲英是死于痢疾病。

　　但在1966年，随着李莲英墓的发现，在棺木中只发现李莲英的一尊骷髅头和一双鞋底，其余的骨头一块也没有发现。关于李莲英的死又有了很多疑问和猜测。李莲英到底是怎么死的？显然病死的说法已然是站不住脚了，除此之外无非是自杀和他杀两种。

　　关于自杀没有任何根据，当时不可一世的李莲英，怎么可能会选择自杀呢？如果他杀的猜测成立，那么又是谁杀死了李莲英？一种猜测是，李莲英在后海内被同为太监的小德张所杀；另一种猜测是，李莲英死于辛亥革命党之手。

　　然而，不管哪种说法和猜测，都不能直接说明李莲英的死就是他杀。由于现有史料过少，李莲英的死在短期内不能给出一个准确的答复，还有待进一步考证。

陵墓祠堂

金　陵

　　金陵即金朝完颜氏陵园，包括皇陵区和王陵区，位于北京西南的房山区，以大房山顶峰"云峰寺"为山陵中心。

　　金陵原在黑龙江省阿城，金朝第四位皇帝完颜亮于贞元元年（1153 年）迁都燕京，改燕京为中都后，便在大房山大规模地修建了皇家陵园，即"北京的金陵"。

北京房山金陵遗址

大房山金陵的布局

元代散曲家冯子振曾作《鹦鹉曲·燕南八景》：芦沟清绝霜晨住，步落月间倚阑父。蓟门东直下金台，仰看楼台飞雨。道陵前夕照苍茫，叠翠望居庸去。玉泉边一派西山，太液畔秋风紧处。

这首诗包括"卢沟晓月""蓟门烟树""金台夕照""居庸叠翠""玉泉趵突""西山晴雪""太液秋风""道陵苍茫"八景。其中前七景数百年来一直为人们传颂，而位于大房山支脉九龙山的"道陵苍茫"则很少有人知道。

道陵是金章宗完颜璟的陵墓，建筑得富丽豪华，在元明两代一直是文人墨客游览吟咏的地方。事实上，岂止金章宗陵墓，整个金陵都是考古和旅游的重要对象。

金陵陵园位于北京西南约四十七公里的大房山系九龙山下，隶属于周口店车厂村。在房山区燕山办事处有一处遗址，称为"盘宁宫"，是

大房山金陵遗址

陵墓祠堂

准备入葬金陵的停灵之处。周口店有一个云峰寺村，曾是前来拜谒金陵的官员们的驻跸之处，在此沐浴更衣之后，进入陵区。大房山古称幽燕奥堂，它的主峰猫耳山、云峰山、连泉顶海拔都在一千三百米以上。

云峰山又称九龙山，当地百姓称之为"皇陵尖"，峰险林密，怪石嶙峋。每当天气阴晦时，云雾便锁住峰顶，黑灰色的云团奔腾翻涌，像是有许多条怪龙在搅闹。山峰正中有一道石门，只有一口可以出入，峰顶正前方遥相对应的是一排千仞绝壁，当地人称之为龙门口。

九龙山对面的石壁山，是金陵的"影壁山"，又称"彼岸山"；石壁山中央有凹陷，有人指出这是皇帝批阅公文休息时搁笔之处，故又称"案山"。金陵的主陵——太祖陵，就坐落在九龙山主脉与"影壁山"凹陷处的一条线上。

金陵陵园以云峰山为主峰，向两翼展开。当年，金海陵王完颜亮迁陵时借大房山左右两条山脉葬下诸先帝王陵墓，正中是金太祖完颜阿骨打和金太宗完颜吴乞买的陵墓，称为睿陵、泰陵。两侧依山而葬的是完颜家族的子子孙孙，其布局如同临阵对敌，"雁翅排开"；又像依山布列成一个"金"字，睿陵处于最顶端。

在上京会宁时，女真族由于建立时间短，还没有形成一套完整的陵寝制度，只在护国林东安葬祖宗。海陵王迁都燕京后，才找到大红谷龙衔寺这块地方。完颜亮我行我素，与众不同，他捣毁寺院，在寺基之上建陵，安葬了祖父、父亲和叔父，这才有了现在的大房山金陵。

金陵底下到底有没有地宫

金灭辽后，建都上京（今黑龙江哈尔滨市阿城区城南）。海陵王完颜亮篡权后，则定都北京，一直到金宣帝完颜珣南迁汴京，历时六十多年。

自从迁都北京后，金人的皇陵全部建到了大房山地区，当时的建筑规模十分宏大，而位于大房山支脉云峰山下的金陵，也成为北京历史上第一个皇陵群。但由于明末时期的故意捣毁，金陵竟从地表上消失了，直到几百年后，人们才发现完颜阿骨打的陵墓地宫……

　　海陵王在北京建立中都后，为了达到长久占据的目的，便将原在上京的祖陵迁到北京，地址在距北京城西南约四十七公里的大房山。这是一个经过金代海陵王、世宗、章宗、卫绍王、宣宗五代，历经六十余年营建形成的一处规模宏大的皇家陵寝，其北域达一百五十六里。海陵王对这块祖宗陵寝十分重视，建设期间曾四次前来视察，最后一次竟然驻扎半月之久。

　　贞元四年，海陵王将金太祖完颜阿骨打等十帝的灵柩从上京迁葬于此，以后海陵王至章宗均葬此处。其中九龙山太祖陵区葬有五陵。十七座皇陵绵延百余里。

　　据文献记载，云峰山的主峰称为"皇陵尖"，顺着皇陵尖往下就是金太祖完颜阿骨打的睿陵。由于金人有深葬的习俗，所以八百多年来，金陵的确切位置以及规模一直是个谜。直到北京文物研究所于1985年派出一支考古队深入大房山后，才测定出了金陵的具体位置，甚至还偶然发现了完颜阿骨打的睿宗陵碑。

　　在一个山谷的入口处，有一道用青条石堆砌的石桥，石桥下是幽深的涵洞。穿过石桥就是神道，沿神道前行，就是金陵大殿基址。这处石桥位于神道南端，西侧与排水暗沟相接，这是金陵的排水通道，主要起防洪作用。穿过石桥后，两处鹊台遗址在石桥与神道间。

　　沿着神道前行，就到了大殿的基址，在用木板搭建的道路上前行百余米，就是完颜阿骨打陵寝的地宫。

　　地宫前左方五六米的地方立有一块高约两米的龙首汉白玉石碑，上面镌刻着"金睿宗文武简肃皇帝之陵"的字样，字体朱砂贴金，刚劲有力。

　　地宫是一处在山体中开凿的石质地宫，长约十三米，宽约九米，北

陵墓祠堂

高约五米，南高约三米，大致呈长方体。在主陵区内距现存清代大宝顶遗迹前约十五米处，有一巨型石坑，定名为"祭祀坑"。

这个祭祀坑非常奇怪，里面堆放了两百多块巨型花岗岩石头，每块重达一吨，似乎是为了掩藏什么。考古人员搬开这些石头后，果然发现了一处石椁墓。经过一年多的发掘，从墓中出土了四具石椁，其中雕龙纹、凤纹的汉白玉石椁为国内首次发现。

四具石椁中，正中偏北的为完颜阿骨打的汉白玉雕龙石质残椁，石椁盖板剔刻有团龙纹，正面剔刻团龙流水纹，椁底残留着墨地朱纹金线勾双龙戏珠纹。这具石椁的旁边是一具保存完好的汉白玉雕凤纹石椁，石椁内有一具木棺，内有散落的人骨，以及随葬的金丝凤冠和雕凤鸟纹玉饰件。

在这两具东西放置的石椁旁边，有两具南北排列的"素椁"，它们的外观没有任何纹饰。可以猜测这两具素椁是陪葬的妃子，但到底是谁则是一个谜。此外，靠近外侧的素椁内没有尸骨，而是骨灰，专家认为是火葬，为何仅有一具火葬，这又是一个谜团。

明末的大规模捣毁金陵是怎么回事

据史料记载，金陵建成后，金世宗、金章宗、金宣宗三代都曾加以扩修，一年到头都有繁盛的祭祀活动。金章宗甚至还专门设县以奉山陵。据说当时一年四季前来祭陵的人络绎不绝，一些通道岩石上，至今还留着十几厘米深的车辙。

然而明朝天启皇帝熹宗朱由校登基以后，后金常犯明边境。天启皇帝昏庸无道，说金陵"王气太盛"，于是在天启二年（1622 年）和天启三年两次下令大规模毁坏金陵。

天启二年，金陵遭到毁灭性破坏，明人把金太祖睿陵主陵脉的龙头砍掉一半，在咽喉部挖了一个深洞，里面填满鹅卵石，以断其"王气"。同时，把金陵地面上的建筑全部砸毁，甚至扒开墓道，掘开地宫，连金陵以外的墓葬也惨遭毒手。

天启三年，明王朝为了震慑金陵的"王气"，在金陵原址上修了许多关帝庙，遗址留存至今。在传说是金兀术的墓上还建了一座"皋塔"（现已被毁），就是因为民间曾有"气死兀术，笑死牛皋"之说。此外，明人还废罢金陵祭祀，不准东北人入关祭陵，这使得曾经辉煌宏大的金国皇陵一下子从地表上消失得无影无踪。

清康熙年间，康熙帝命人修缮了金太祖和金世宗的陵殿，而其余各陵因被彻底摧毁，一无所存，连清人也无法分辨它们的确切位置。

金陵陵区的"三皇"是谁

金陵"三皇"，即金太祖完颜阿骨打、金睿宗完颜宗尧和金世宗完颜雍。

金太祖完颜阿骨打（1068—1124年），金朝开国皇帝，女真族的伟大领袖，享年五十六岁。金太祖生前伟大，死后却三次下葬，可谓受罪不少。

第一次下葬在天会元年（1123年）九月，葬于宫城西南，建宁神殿；第二次下葬为天会十三年（1135年）二月，迁葬至和陵，并于皇统四年，改称睿陵；第三次是贞元三年十一月，改葬于大房山金陵，仍号睿陵。

金睿宗完颜宗尧（1097—1137年），太祖完颜阿骨打第三子，金世宗之父。为人性宽恕，好施惠，享年四十岁。天会十三年（1135年）行次妫州时薨，死后陪葬睿陵，追封潞王。皇统六年，进冀国王。正隆二年，又追赠太师、上柱国，改封许王。金世宗即位后，追谥"立德显

仁启圣广运文武简肃皇帝"，庙号睿宗，并于次年改葬大房山金陵，号景陵。

金世宗完颜雍（1124—1191年），金太祖完颜阿骨打之孙，金朝第五位皇帝。金世宗时期，停止侵宋战争，革除海陵王统治时期的弊政。金世宗勤俭朴素，从不穿丝织龙袍，励精图治，天下小康，实现了"大定之治"的鼎盛局面，金世宗也被称为"小尧舜"，是一位全始全终的皇帝，深受人民的爱戴。金世宗享年六十七岁，谥号"光天兴运文德武功圣明仁孝皇帝"，庙号世宗，直接葬于大房山金陵，号兴陵。

金兀术其人其事

金兀术是否葬在大房山，是否埋在太祖陵侧，目前没有文字记载，也没有相关石碑出土。关于金兀术的坟墓只能是判断和猜测。

在金太祖陵附近有一个非常值得怀疑的地方，那就是牛皋坟。牛皋坟在太祖陵西侧，去过太祖陵的人一般都会去牛皋坟转上一圈。因为有牛皋坟，人们便把它所在的那条沟叫作皋儿沟（又叫阁儿沟）。

皋儿沟长约二里，西侧即是房山的名胜古迹三盆水、十字寺等，沟口靠北侧有两块长方形的梯田，在第二块梯田的中间，有凸起的古坟遗迹，四围散落着大量的明朝砖瓦、汉白玉碎块和花岗岩阶条，梯田下还可以找出许多金代的砖瓦残迹，显然这里曾有过金代建筑。

明代末期，女真族后裔努尔哈赤在东北建立了"后金"，与明朝分庭抗礼，天启皇帝依据"王气"之说，认为努尔哈赤的后金国与他们的祖先葬地——金陵有关，不但捣毁了金陵，而且在每一个陵上都修建了关帝庙。由于当时《岳飞传》上有牛皋骑在金兀术身上乐死的故事，于是便在传说是金兀术的坟上修了牛皋坟，旁边又建了牛皋塔。

另外，《金虏图经》记载"海陵王迁其父、其叔葬于寺基之上"。其叔，是不是就是金兀术呢？海陵王未篡位之前曾在其叔金兀术的帐下任职，不过海陵王的叔不止一个，所以说，葬在寺基上的人，只是有可能是金兀术。

据史料记载，金兀术本名完颜宗弼，兀术是女真名，宗弼是汉名。《金史》称金兀术是太祖第四子,《女真传》则称金兀术为太祖第六子。而之所以有"四子""六子"的差异，是因为金兀术下江南时其两位兄长已死，故称四子。

金兀术为金朝名将，有过光辉的六下江南经历。

第一次，随宗望伐宋，入河南攻下汤阴县降其卒三千人；

第二次，随宗辅攻山东，打败宋军郑宗孟数万之众。回师途中遭宋军三万人包围，金兀术率军拼杀，斩杀宋军一万余人；

第三次，金兀术奉诏率军伐宋，攻开封府，夺大名府，占领整个河北，其后又追宋康王赵构于扬州，大获全胜，但回师途中被宋将韩世忠围困。金兀术一夜之间开通老鹳河故道三十里，大开水战，大败宋军，乘胜追杀七十里。过江后，金兀术又遭宋将张浚包围，险些被杀，后又与宋将吴蚧激战，再中伏击，几乎全军覆没；

第四次，金兀术奉诏率军南下，打败宋将岳飞，收复汴州；

第五次，金兀术伐宋，进取中原，宋朝皇帝被迫上书请和。金朝册封宋康王为帝，康王上表称金主为伯皇帝，自称侄皇帝。此时，金兀术任尚书左丞相、都元帅兼侍中侍郎；

第六次，金兀术南征，遇岳飞，接连遭受败仗。宋朝转败为胜，士气高昂，上表熙宗，请求南北各守，息战和好。

皇统七年，金兀术官迁太师、领三省事、都元帅兼修国史。

皇统八年（1148 年），金兀术病死于东北。

金兀术是否葬在大房山？皋儿沟的牛皋坟是否真的是压着金兀术的坟？这仍有待时间的检验。

房山真的是因金陵而建的吗

原房山城，高一丈有余，周长 1440 步，城墙由花岗石包砌而成，有东西南北四座城门，各有城楼。如今，这些建筑早已不见，只西北角还可看出城墙残土的遗迹。房山城是什么时候建的？又是因何而建的？

房山这个地区在金代之前隶属于范阳郡涿州良乡县等，金朝第四位皇帝完颜亮迁都北京后，于 1155 年开始在房山县城西北大规模修建完颜氏的皇家陵园，并责成涿州刺史提点山陵事务。

由于涿州距房山山陵路途遥远，山陵事务繁多，管理不便，所以金世宗完颜雍死后，其嫡孙完颜璟即位之初，便于大定二十九年（1189 年）在大房山陵旁设置万宁县，以奉山陵。万宁的作用只是管理陵寝事务，不作为行政县，后又改万宁为奉先县，即取万世寝皆迁葬于此之意。

奉先之名一直沿用到元二十七年（1290 年），因奉先县西北有高耸入云、巍峨险峻的大房山，遂改名为"房山县"。从设万宁县到如今，房山已有八百年的建县历史。

房山县城最初修建在洪寺村东的两山之间，是座土城，扼守着西去陵区的大门，有四座城门：东叫朝曦，南叫迎恩，西叫仰止，北叫拱极。（从西门、北门的名称看也与山陵有关。）

这座小小的金代土城经历了几百年的风风雨雨，一直到了明朝，由于长城外的民族趁明朝微弱之际，从紫荆关闯到北京附近抢掠骚扰，房山便又成了北京西南的门户。所以，在明隆庆年间对房山城进行了彻底的整修，城墙增高加厚，同时加宽加深了护城河，又用本地产的花岗岩石包城。这样，房山城就从一个看守皇陵的土城变成了保卫北京、易守难攻的石城。

现在，房山地区还流传着当年选城址时的一句话——"三山不露，四水不流"。说的是房山城的位置是建在三个小山包上，四个城角有四个大坑，城外东、西沙河，像两条龙环绕着房山城，两条河又同时注入琉璃河。

房山县在金代确与众不同，它受金朝皇帝直接管辖，专处陵寝事务，在皇帝和皇帝祖先的陵前是不会设筵招待百官的，于是就有了"不开宴的房山县"之说，后来又演变为"不开眼的房山县"。

当年金朝皇帝一年中不知要来山陵多少次，更别提到山陵下葬的皇后、嫔妃、诸王及完颜氏族成员了。房山县车水马龙，热闹非凡。但后来因为明末天启皇帝的捣毁，金陵从此在地表上消失，房山县也因此冷落。

清顺治、康熙时期，对金太祖、世宗等陵进行整修，还开出了一条新路，但即使这样，也没有给房山县城带来多大的变化。

民国时，房山县山区盗贼蜂起，有明显特征的陵墓全被盗坏，金陵也算因祸得福，免遭一劫。

新中国成立后，房山面貌发生巨大变化。城墙逐渐被拆除，房山又换了一种方式红火起来。

房山一景

陵墓祠堂

明十三陵

　　明十三陵坐落于北京市昌平区天寿山麓，总面积一百二十余平方公里，是明朝迁都北京后十三位皇帝陵墓的皇家陵寝的总称。

　　这十三座陵墓依次是长陵（明成祖）、献陵（明仁宗）、景陵（明宣宗）、裕陵（明英宗）、茂陵（明宪宗）、泰陵（明孝宗）、康陵（明武宗）、永陵（明世宗）、昭陵（明穆宗）、定陵（明神宗）、庆陵（明光宗）、德陵（明熹宗）、思陵（明思宗）。此外，还有七座妃子墓和一座太监墓，共埋葬了十三位皇帝、二十三位皇后，两位太子、三十多位妃嫔和一位太监。

朱棣因何选址天寿山

　　明十三陵坐落在北京西北郊昌平区内的天寿山南麓，为什么明十三陵会坐落于此呢？这要从明成祖朱棣说起。

　　明成祖朱棣迁都北京后，就开始为自己选择修建陵墓的地方，陵墓的选择可谓一波三折，历时两年之久，几乎踏遍了京郊的山山水水。

　　相传，当时朱棣也选择了很多地方，最后因种种原因才选定天寿山。据说当年有人提议将陵墓修建于一块叫作"屠家营"的地方。但朱棣考虑到自己姓朱，"朱"与"猪"同音，朱棣认为"猪"一旦进入屠宰场，除了被杀没有别的结果，所以朱棣马上否定了这个提议。

后来又有人向朱棣提议，选在京西潭柘寺，说这里是千年古寺，必是一块风水宝地，朱棣起初也觉得潭柘寺这个地方不错，但当他亲自去潭柘寺察看一番后决定不选在这里，缘由是，潭柘寺虽然是千年古寺的所在地，但这里地形狭隘，山高谷深不利于子孙后代的发展。

　　其后，又有人建议选择在怀柔的羊山脚下，这"羊"和"猪"总该相安无事吧，可是偏偏在这羊山附近有一处叫"狼儿峪"的村子，这"猪"天天睡在"狼"身边岂不是早晚会出事！后来也没有选在那里。此外，还有一处选择是门头沟的"燕家台"，但因为"燕家"与"晏驾（古时帝王死亡的讳称）"谐音，所以也被朱棣否定。

　　最后朱棣看上了昌平的黄土山这个地方。他在勘察黄土山时发现，这黄土山前面有座村子叫康家坟，西边是一片橡子林，东边是一条清澈的干水河。朱棣认为这里前有康（谐音"糠"），左有橡子，右有水，是朱家的风水宝地，于是就决定将陵墓修建于此。恰巧这一年又是朱棣的五十大寿之年，所以又将黄土山改名为天寿山。

　　除这些方面符合外，从自然景色角度来说，天寿山满足朱棣要求的

明十三陵

尽显皇家威仪，死后占据优美自然景观的条件。

天寿山自然环境幽静，四面青山环抱，中间明堂开阔，水流屈曲横过的特点，其中各陵区，所在位置背山面水，处于左右护山的环抱之中。这样的陵区的位置与建在平原之上的陵墓相比，其自然景观显得更为赏心悦目，更能彰显帝王陵寝肃穆庄严和恢宏的气势。

另外，万寿山两侧矗立着蟒山（现在的蟒山森林公园）和虎峪山（现在的虎峪自然风景区），而十三陵正门开于南端，这就好像是一龙一虎在守卫着大门，这完美地符合了朱棣希望江山永固、子孙昌盛的要求。

所以，朱棣最终选定了万寿山作为他们的皇家陵墓。

明朝共十六位皇帝，为何只有十三座陵墓

自1368年由朱元璋开国，到1644年崇祯帝自缢于景山，明朝历经二百七十六年，在位的皇帝先后有十六位，奇怪的是明朝既然一共有十六位皇帝，为何在北京的明十三陵中只有十三位皇帝的陵墓呢？

其实这也不足为奇，翻开有关明朝的历史我们会发现，开国皇帝朱元璋在建立明朝时，选定的都城是南京，朱元璋死后葬在南京的钟山之阳，史称"明孝陵"。

明朝的第二代皇帝建文帝朱允炆，在其叔父朱棣发动"靖难之役"后逃离了南京，下落不明，所以他的陵墓更是无从查起。后来历史学家分析，朱允炆可能逃到今天云贵一带，也有可能死于那场战乱之中，但最终也没有一个准确的结论，至今仍是明朝历史的一大悬案。

明朝第七位皇帝代宗朱祁钰，是因明英宗朱祁镇在"土木之变"中被瓦剌俘虏后，在大臣和太后的旨意下才登基称帝的。后来英宗被放了回来，在英宗心腹的策划之下，发动了"夺门之变"，又将皇位夺了回

来，而代宗朱祁钰被处死。朱祁钰死后英宗不承认他是明朝的皇帝，所以以藩王的身份将其葬在北京西郊玉泉山北麓的金山口。

这样明朝虽然有十六位皇帝，其中开国皇帝朱元璋的陵墓在南京，建文帝朱允文下落不明，明代宗朱祁钰葬于金山口，所以北京的明十三陵中只有十三座陵墓。

除长陵外，其他十二座陵墓前的石碑为何都没有碑文

明十三陵是明朝十三位皇帝陵墓的总称。每座陵墓前都有一座神功圣德碑，以记载这位皇帝一生的功劳。

永乐皇帝的长陵是十三陵的首陵，碑首正面中心部位有篆额天宫，刻有"大明长陵神功圣德碑"，碑身刻明仁宗朱高炽为其父成祖朱棣撰写的碑文，长达三千多字。

明仁宗朱高炽（朱棣之子）驾崩后，葬在献陵，他的神功圣德碑立于陵前约百米处，规模比长陵小，碑上没有任何文字，又称"无字碑"。这种不合逻辑的无字碑从献陵开始，此后的十一位皇帝的神功圣德碑上都没有任何文字。

对于无字碑，一直以来众说不一。有人理解是皇帝的功劳太大，根本无法用短短的文字来表达。这种说法是站不住脚的，因为大明朝的开国皇帝朱元璋和立业皇帝朱棣的神功圣德碑均刻有文字。这两位皇帝的功劳都能用文字来表达，怎么后来那些皇帝无法书写了呢？倒不如说是无功劳可书写。

另一种说法是明陵无字碑的由来与明仁宗朱高炽有直接关系。

明太祖朱元璋曾亲下圣谕，说所谓的皇陵碑记都是一些虚华的言辞，根本没有必要在石碑上书写。所以，明朝的史官就不再为皇帝撰写碑文，这个责任落到了皇帝自己身上。

陵墓祠堂

而朱高炽在位不到一年就病逝了，对于他的评价，史官很难做出尽善尽美的表达，而且他的儿子朱瞻基也没有能力为父亲撰写神功圣德碑文。

再者，仁宗皇帝是一位仁厚的皇帝，他在临终遗诏中提出"朕既临御日浅，恩泽未浃于民，不忍复有重劳，山陵制度务从俭约"。宣宗遵照仁宗遗诏营建山陵，但没有立碑。既然仁宗没有立神功圣德碑，那么后代的皇帝也不好再立了。一直到嘉靖年间，嘉靖皇帝才为仁宗朱高炽、宣宗朱瞻基、英宗朱祁镇、宪宗朱见深、孝宗朱祐樘、武宗朱厚照这六位皇帝的陵墓立碑，但没有写碑文。

为什么嘉靖皇帝为前六帝立碑呢？原来武宗朱厚照无子而死，皇太后和大臣们商量由武宗的堂弟朱厚熜入继大统。朱厚熜继承帝位后，改年号为嘉靖，迫封其父为皇考，神主享于太庙，又定庙号"睿宗"，位于武宗之上。

嘉靖的这些做法违背了祖制，为此反对他的大臣据理力争，结果一个个惨遭杀害。为了弥补他的错误做法，缓和与张太后和其他皇族成员的矛盾，嘉靖皇帝就假惺惺地允诺要为先帝立神功圣德碑，以遮掩他对先帝的不忠。

在他之前的六位皇帝，他们的碑文按照祖训要由继承的皇帝撰写。然而，对于这个沉迷炼丹的荒唐皇帝来说，写这么多的碑文谈何容易。因此，石碑是立起来了，却始终没有写碑文。而以后的皇帝看到先祖的石碑上都没有书写碑文，在立碑的时候也就都没有在碑上刻写碑文。

这样就形成了明十三陵除了朱棣陵上的石碑上刻有碑文，其他十二座陵上都没有碑文的现象。

明十三陵里为何会有一座太监陵墓

在明十三陵中有一座很明显的太监陵墓。这位太监是谁？他的陵墓怎么会出现在皇帝的陵墓群中？

明十三陵中这座太监陵墓的主人是明末太监王承恩。在人们的印象中，太监通常是弄权、狡诈、满腹坏水的形象，但王承恩却并非如此。1644年，李自成攻入北京城后，崇祯皇帝被迫在景山上吊自缢，而陪同崇祯帝一同自缢的还有这位太监王承恩。

当年李自成几万大军围困北京城时，明朝的很多将领都解甲归田，而王承恩却统领禁军，誓死抵抗李自成军的进攻。后来，清朝入关后的第一位皇帝顺治帝在为崇祯皇帝发丧时，还为王承恩修墓立碑，并将他安葬在崇祯皇帝的陵墓外，让他永远"守护"陵墓。

太监王承恩的陵墓至今保存较为完善。虽然陵墓本身只剩一个直径六米的土堆，但墓前的三通石碑却保存得比较完整。

明十三陵太监王承恩陵墓

陵墓祠堂

王承恩的陵墓坐西朝东，在陵墓东侧的第一通石碑上刻有"王承恩墓"字样，其碑高两米。第二通石碑有四米高，碑首刻有"敕建"，下面紧跟着八百字的碑文，这是清顺治帝亲自撰写的。紧靠陵墓的石碑高两米，碑首刻有"御制旌忠"四字，下面同样刻写着二百四十字的碑文，这是清顺治帝营建崇祯帝陵墓时，为褒奖王承恩的忠义护主所撰写的。

明十三陵为何很少被盗

历代皇帝的陵墓都规模宏大，宝藏无数。所以，中国古代帝王陵墓被盗的记录很多，尤其是汉、唐、宋三朝陵墓被盗的情况非常严重。就连清朝的清西陵和清东陵也都未能幸免，被民国军阀孙殿英及其部下盗掘。

相比较来说，只有明代皇陵墓葬保存完整，这种情况在中国古代帝王陵中是很罕见的。从已经被保护性发掘的定陵来看，虽然有人试图挖掘，但是显然没有成功。明十三陵能够保存完好，与各个不同历史时期对这些陵墓进行保护有很大关系。

明朝时，每建造一座帝陵，必设一卫，并且有官兵驻守昌平。到了明朝中期，皇家又增设上万名官兵，守卫在陵区西北的黄花镇、居庸关等地，以确保陵区和京师的安全。因此，在这种情况下，盗墓贼是无论如何都不可能进入各个陵墓的。

清朝时，清政府对明代皇陵也采取了保护措施。终清一世，明十三陵均设有若干陵户，负责巡视保护陵园。从顺治元年到乾隆二十二年间，十三陵各陵墓还设有守陵太监。雍正二年，即1724年，雍正皇帝又封朱元璋十三子的后裔——正定府知府朱之琏为一等侯（死后封延恩侯，世袭），共传十一代。从某种意义上说，清军自入关以来妥善保护明皇陵，是为了尽快实现国内安定，消除反清复明等各类因素的一项怀柔政策。今天，十三陵附近那些村子的村民，大多都是当年守陵人的后裔。

清朝灭亡后，国民政府将明皇陵作为古文物管理，早期沿用清朝的管理模式，后裁革陵户，改设护陵警察分驻所专门对十三陵进行保护，延恩侯负责明陵的祭祀和管理事宜。由于明清两朝及民国年间都对十三陵做了必要的保护，使得十三陵没有遭遇大规模的破坏。新中国成立后，明十三陵被列为全国重点文物保护单位，得到了系统的保护和修复。政府投入大量资金和人力，对陵区的建筑、文物和环境进行全面整治。

明十三陵长陵

陵墓祠堂

十三陵中的石像为何都有伤残

去过十三陵的人都知道，过了碑亭，有二十四个石兽，十二个石人，石兽是石狮、豸、石骆驼、石象、石麒麟、石马，各四个；石人是四个武臣、四个文臣、四个有过大爵位的勋臣。这些守护大明皇家陵园的石刻，都是那么巧夺天工，可是，它们每个上面都残破了一两处，为什么这么硬的白玉石会残破了呢？

传说，乾隆帝想把这些石人、石兽搬走，放在自己的陵寝里。他把这想法告诉了当朝宰相刘墉。刘墉嘴上附和着，心里却在想倘若真的搬走了人家的石人、石兽，那么，十三陵的价值岂不是要大打折扣？

乾隆帝先派刘墉到十三陵察看，再商量怎么个搬法。刘墉来到十三陵，他走到石人、石兽前面，越看越爱，越觉得不应该被搬走，可是，怎么才能保全这些石人、石兽呢？他得想个法子。当他想到保全二字，突然心里一亮，他知道该怎么办了！刘墉朝着这些石人、石兽的脸上或身上使了点坏，每个都留下了点伤疤。

第二天，刘墉带着随从又来到十三陵的石人、石兽跟前，他突然惊呼起来："你们快看，原来这些石人、石兽都是残破的！这些个破玩意还怎么给咱们皇上用？"随从们也都看到石人石兽的确是残破的。返回紫禁城，刘墉告诉皇上："十三陵的石人、石兽都是残破的，万岁怎么能用呢？"因此，十三陵的这些石人、石兽就被保留下来了。

石像生缘何暗藏八匹马

　　石像生是帝王陵墓前安设的石人、石兽的统称，又称"翁仲"，是皇权仪卫的缩影。明朝时，凡是举行大典的时候，除文武百官及军事仪仗排列两侧外，还要将人工驯养的狮子、大象等动物装在笼里，放在御道两旁，以壮皇威。皇帝驾崩后，也需要相同的排场，所以就在陵前设置了石像生。

　　景陵的石像生中共有十二尊石人，但只有四匹马，不够每人一匹。传说，宣宗朱瞻基曾为此斩杀了好几任监工大臣，因为他们谁都解决不了宣宗所出的"十二石像要备十二匹马，而且不得在神路两旁立卧四匹以上的石马"这一难题。

　　不得已，朝廷张榜招贤，其中一名四十岁左右的中年汉子揭了榜，他自称已经解决了难题，并把皇帝等人带到神路，指示天机。原来在那两个武臣的后身，各有四匹浮雕石马，活脱逼真，与卧在神道上的那四匹加起来，正好足了十二匹的数，且没有违背"不得在神路两旁立卧四匹以上的石马"的要求。

景陵石像

　　原来，这名中年汉子就是参与雕刻"石像生"的石匠，他认为十二石人应有十二石马，并且早就雕成了"四明八暗"的样式，但监工大臣以及其他工匠们都没有看出来。后来，这名汉子为了阻止皇帝滥杀无辜，才道破了天机。

陵墓祠堂

当时的工匠是如何将巨大的石牌坊立起来的

石牌坊，是用石头修建的牌坊。它是一种装饰性建筑物，常见于古代陵园。长陵是明十三陵之首，在天寿山主峰前，是明朝第三位皇帝成祖朱棣（1360—1424 年）和皇后徐氏的合葬陵。

长陵的石牌坊以白色大理石雕刻而成，仿木建筑结构，六柱五间，上覆大小共十一座庑殿式屋顶。夹柱石上，雕刻异兽蔓草及龙、狮图案。石牌坊建于明嘉靖十九年，不仅有美化环境的作用，还有拱卫、屏障陵区的功能。

石牌坊通高逾四丈，每根石柱均重上百吨。传说，当年建造石碑坊的石匠们费尽气力立起了石柱，却根本无法将夹柱石架上去。交工期限临近，石匠们只得烧香乞求鲁班点化。几日过去，鲁班大师没盼来，却来了个衣着破烂的捡粪老人。无奈之余，石匠们向老人讨主意。老人说："我是个土没脖子的人了，还能有什么法儿！"言毕自去。石匠们起初不明白老人的意思，后来猛然醒悟，原来老人是让他们用土囤的办法。于是，大伙先用土埋住石柱，形成斜坡，然后再顺坡将夹柱石拉上架好，石碑坊终于按期完工了。石匠们不知老人是何方人氏，但心想，此人一定是鲁班显灵，点化他们造好了石碑坊。

献陵前面为何有座"遮羞山"

献陵位于长陵西侧一华里的黄泉寺山下，埋葬的是明朝第四位皇帝——仁宗朱高炽和其皇后张氏。献陵规模较小，规格寒酸，建筑布局也与其他各陵有很大的不同——恩殿和明楼两进院落被一座小山隔开，切割成了两块，互不连属，山前的以恩殿为主，山后的以宝城、明楼为主。民间传言，隔开两院的这座小山叫作"遮羞山"。

堂堂皇帝为何需要遮羞呢？

原来民间传说，仁宗朱高炽为太子时，每日在宫中游荡。当时，宫中规矩是凡夜晚宫中妃子门口挂红灯，太子可以进入；若是挂绿灯，则表明长辈在内，太子不得进入。一天晚上，朱高炽游宫，看见一楼内窗棂上挂着红灯，便喝退侍从，径直入楼。等他宽衣上床后，却见床上竟是父亲的妃子！

此事在皇宫里哗然，有的说太子对这位妃子早有此意，当夜是太子事先将她房中的绿灯摘下换成红灯的；有的说这位妃子对太子早已有情，是她亲自摘下绿灯，换上红灯的。

仁宗登基后，为保持天子尊严，对天起誓，矢口否认，说如果有此事，就让龙把自己吃掉。不料此话一出，金銮殿上真的有一巨龙飞腾而下，一口将仁宗吞下，大臣们急忙救驾，却只抢下了一只靴子。嗣皇帝宣宗朱瞻基只好将父亲的靴子葬入陵中。

为了遮掩此事，宣宗朱瞻基特意把真正的陵体安排在这座小山之后，使石碑殿堂与明楼宝顶互不能见，意在以小山将父皇的丑行遮掩。所以这座小山叫作"遮羞山"。

事实上，据文献记载，这座小山的真名叫作玉案山，史衷、学者认为，那座小山完全是因为风水的缘故保留在那里的。

皇家园陵最重要的一条就是选择"龙脉"，这起伏的山丘就是"龙脉"的象征。献陵建造时，因这座小山从左延伸而来，是献陵的龙砂，因屈曲环抱陵前，献陵与龙砂距离很近，当论内明堂格局。在风水信条中，龙砂是不可损伤的。所以这座小山便作为"龙脉"而完好地保存下来。

陵墓祠堂

裕陵为什么是"一帝两后"的格局

十三陵地宫格局从明初开始,按"一帝一后"的规制设计,但令人不解的是,这种格局在明英宗的裕陵发生了改变——地宫格局改变成"一帝两后"制。是什么原因引起了变化?

原来,继英宗登上皇位的宪宗不是皇后所生,为了自己的生母能与父亲同处一穴,他采取了这个折中的办法,将地宫改成"一帝两后"制。

英宗在"土木之变"前后两度执政,共达二十二年。他在位期间,明朝政府国力渐衰,无力顾及东北广大地区,裁撤了设在东北的行政管理机构,从此丧失了对东北地区的控制权,这给明末政局带来深远的影响。

1464 年,英宗病死。在明朝政坛上,英宗没有什么丰功伟绩,但

明裕陵

废除殉葬制度却一直被史书称作"盛德仁义之举"。明代宫妃殉葬由来已久，长陵附近葬了十六个明成祖朱棣的妃子，宣宗朱瞻基的景陵附近也有十人。英宗死时，下诏从自己开始不再让宫妃殉葬。这样，他的十七个妃子免遭横祸，个个得以终养天年。

英宗死后，孤寂地躺在长陵西北石门山南麓的裕陵地宫里。裕陵建于天顺八年（1464年）二月。五月八日，宪宗奉英宗梓宫入葬。六月二十日，陵寝工程全部竣工。裕陵规模一般，与其他陵墓相比也没有什么特殊之处，不过，裕陵却是明朝两后合葬的第一座帝陵。

按照太祖朱元璋的规定，每座陵墓中只准埋葬一帝一后。他和马皇后是患难夫妻，马皇后死后，他没有再立皇后。朱棣的徐皇后是明朝开国功臣徐达的女儿，在朱棣夺取皇位的斗争中起过不小的作用，且与朱棣感情融洽，因此朱棣在徐皇后死后也没有再立皇后。以后诸帝沿袭这个传统，陵中地宫的格局向来是"一帝一后"制。

英宗朱祁镇与钱皇后，也可称得上是一对患难夫妻。当英宗被瓦剌俘虏后，钱皇后曾竭力营救，把自己的全部私人资财拿出，而且为此昼夜悲哭，哭累了就地而卧，因悲伤过度，结果哭坏了一只眼睛，一条腿也落下了病根。

朱祁镇被释放回来后，名义上是太上皇，实际上处于软禁状态。在英宗最困难、情绪最低落的时期，只有钱皇后一直守在他身边，不断劝慰，没有一句怨言，因此朱祁镇对她敬爱有加。

由于钱皇后久病无子，朱祁镇只得立周妃所生的朱见深为太子。周贵妃以此自恃，屡屡侵犯钱皇后，引起英宗的不满，罚周贵妃亲手为钱皇后做了一双鞋和衬衣，向钱皇后上寿，小惩大诫。英宗弥留之际，预感太子即位后，会立他的生母为太后，那时钱皇后的名位将受到影响，所以立下遗嘱，要太子确保钱皇后名位，安养天年，死后与自己合葬。

英宗死后，太子朱见深登基，即宪宗皇帝。皇位还没坐热，宪宗就让大臣们讨论钱氏和周氏的徽号，实则是想立生母为皇太后。但大臣们据理力争，最终折中为"两宫并尊"，都称为皇太后，不过钱氏要加上

陵墓祠堂

· 223 ·

"慈懿"两字，称为"慈懿皇太后"。

几年后，钱太后病死。因为从洪武至仁宗，陵内地宫均是一帝一后，如果钱氏葬于英宗的裕陵，那周太后寿终后就不能与英宗合葬了。宪宗既不敢违背父皇的遗嘱，又不能违背生母的意愿，为此踌躇两难。

多次朝议后，大臣们提出合葬："今慈懿皇太后之丧，与皇太后千秋万岁以后俱合葬裕陵，慈懿皇太后居左，皇太后居右，配享英庙。"

但对于这样的提议，周太后并不满意，宪宗以"违背母意是不孝"为由否定了这个提议。几位大臣见宪宗还是不同意合葬，便接二连三地联名上奏，之后，又率领百官跪伏在文华门外大哭，非要等宪宗下圣旨同意合葬才肯罢休。

宪宗见无法收场，便提出了个折中的办法，将玄宫分成三殿，这样既能葬钱太后，也能照顾母亲周太后。事情发展到这种程度，周太后也只能答应让钱太后合葬了。

尽管同意合葬，但周太后心有不甘。她提出一个条件，要把钱太后入葬的左配殿隧道口堵死，只让将来葬入自己的右配殿和皇堂相通。当钱太后下葬后，宪宗让宦官们按照周太后的意思，将钱太后的棺椁放到墓室的左配殿中，距英宗的墓室有好几丈远，并将中间相通的隧道堵了起来。奉先殿的祭礼，也不设钱太后的牌位。

弘治十七年（1504年），周太后病死，被葬到了裕陵的右配殿。孝宗朱祐樘本想把钱太后左配殿堵死的隧道打通，但因钦天监说地宫的内部结构不宜拆动，只得作罢，只是将裕陵祾恩殿里的神座重新进行了布置，英宗居中，钱氏居左，周氏居右。

裕陵地宫便一直保留三座墓室，左边是堵塞的，右边是相通的。这样，裕陵成了明朝第一座"一帝两后"的帝陵。

永陵的琉璃瓦为什么是红色的

嘉靖皇帝朱厚熜在位期间，大兴土木，修陵造宫，连年不断，外加南北两边战争连绵，国库负担沉重，民不聊生。他的寿宫永陵定在天寿山十八岭，整个工程历时十二年才基本完工。陵墓建筑恢宏奢侈，很多地方都超越了永乐皇帝的长陵。

据说，永陵的琉璃瓦是红色的，与其他陵的黄色琉璃瓦不同。当年，嘉靖到陵园巡视时，发现窑工们烧制的琉璃瓦是红色，认为是他们有意而为之，折损了皇家的瑞气，一怒之下连杀了多批无辜窑工。

如果再烧制不出黄色的琉璃瓦，恐怕剩下的所有窑工都性命难逃。一青年领旨烧窑，他得父母指点，对嘉靖说："皇上，这瓦色发红是寓意陛下您'洪福齐天'，而且，瓦烧成红色，是个吉兆，代表永远红红火火。"一番话终于令嘉靖满心欢喜，连其他窑工也都保住了性命，此后，永陵的琉璃瓦就皆为红色了。

昭陵为何兴建两次才竣工

明昭陵是在隆庆六年（1572 年）明神宗下诏在大峪山修建的。如此浩大的工程，仅仅用了一年的时间就修建竣工。但因为工程进展得太过迅速，一些施工细节做得不到位，用现在的话说就是豆腐渣工程，过了不到一年的时间，昭陵陵墓的整体建筑都出现了地基下沉的现象。明神宗不得不重新修建昭陵，于是昭陵的"二期工程"从万历三年（1575 年）开始，七月完成。营建昭陵耗银百万两。

陵墓祠堂

据《明熹宗实录》记载，前后两次修建共用银一百五十余万两（不含嘉靖时营建玄宫的费用，如算上嘉靖年间营建陵墓的费用，其总用度至少在两百万两）。

火烧定陵的传说

关于火烧定陵，有一个这样的传说。

有一日，定陵村北的石碑上突然出现了一个月亮形的东西，每到晚上，它就发出耀眼的光芒，把定陵村四周照耀得如同白昼。大伙都不明白这是怎么回事。后来，村里来了一个乞丐，穷苦人家虽然不富足，却都拿出食物给他吃，而那些有钱人家不但不给，还把他臭骂了一顿。

几天后，乞丐老头换了身干净的衣服又来到村里。他在街区里摆了个摊，上面放着几样东西：筷子、红枣、梨和大火烧。老头口里喊道："筷，枣，梨，大火烧。筷，枣，梨，大火烧。"一连三天，天天如此。

明定陵

到了第四天的时候，老头不见了，但是定陵石碑上的"月亮"却更亮了。村民们将两者联系起来，顿时大悟，原来老人是让大家"快早离，大火要烧起来了！"于是，穷苦人家都纷纷离去。又过去三天，村子里只剩下了几户财主，他们舍不得放弃那些家当，对传言不屑一顾，仍留在村里。第四天五更时分，熊熊大火燃烧起来，定陵和定陵村被焚烧殆尽。穷苦百姓们全部脱险，而留下的那几户财主都葬身火海。

后来，这一带的百姓们说，那名乞丐一定就是灶王爷，他为解救百姓，先施法让石碑放光，又扮作叫花子试探人心，最后用那"筷枣梨"的奇怪"买卖"提醒大伙儿及早逃生。

历史上的定陵村就这样不复存在了，只剩下村口的那半截柱子。再后来，这里成了一片荒林，直到最后成了一片果园。几百年来，人们一直都搞不清楚定陵和定陵村到底是天灾毁灭的，还是人为纵火烧的，至今也没有一个明确的说法。

定陵内真的设有重重机关吗

孔子的"慎终追远"显示了对生丧之事的重视。在漫长的岁月里，处于权力之巅的皇帝更是从登基开始就倾全国之力为自己建造陵墓，以图建造一个比皇宫更为恢宏的地下宫殿。

而他们在梦想着死后能够享受这些的同时，也如同在皇宫大内设置重重防卫一样，在陵墓里设下了重重机关。明神宗的定陵就是传说中有着重重机关与密道的陵墓：四壁金刚墙、铁水铜汁浇铸；飞刀、暗箭，机关暗布，见血封喉；条石、翻板，陷阱纵横，毒气弥漫……

定陵，明十三陵之一，埋葬着明神宗万历皇帝朱翊钧和他的两个皇后——孝端皇后和孝靖皇后。万历皇帝在位四十八年，是明代在位时间最长的一位皇帝。他有充足的时间为自己建造陵墓，而且万历时期也是

明朝最奢侈的时期，所以定陵无疑是明十三陵中最复杂、最精美、陪葬品最多的一个陵墓，其规模仅次于明成祖朱棣的长陵。截至目前，定陵是明十三陵中唯一被打开的陵墓。那么，里面到底有没有传说中的重重机关呢？

20世纪中叶，工作人员在十三陵区发现定陵宝城东南侧有几块砖向内塌陷出一个直约半米的圆坑，这引起了考古工作者的极大兴趣，打开定陵地宫也对研究明史有很大意义，于是经过中国政府的批准，文化部文物局、中国科学院考古研究所、北京市文物调查组共同组成考古工作队，对定陵进行了考古发掘。

按照考古工作的要求与一般程式，要通过凿井式的方法探寻地宫。他们先从塌陷处开始挖掘，看到了一条隧道，于是便向着隧道继续挖掘。在清理陵墓隧道时，发现了一块石碑，上面刻着："此石至金刚墙前皮十六丈深三丈五尺。"

金刚墙？难道地宫的门是铜水浇铸的？这是一块指路的石碑，难道是要告诉盗墓者地宫所在地？这当然不可能。那么这难道是一块混淆盗墓者视听，误导他们中机关的指示？当时也没有定论。工作人员只能硬着头皮继续往下挖。

到第二年9月，隧道里的填土全部被清理完，一道大明砖砌起来的墙横在隧道的尽头。墙的中央，是一道"圭"字形门（即地宫门）。用明代的尺度丈量长度，发现墙到石碑的距离刚好是石碑所记的距离。那么，这就应该是金刚墙了，石碑所记也是真的。只是门上的砌砖，没有用灰浆，是干垒起来的，并不存在传说中的铁水铜汁。

定陵龟驮碑

后来经研究发现，那个石碑确实是指路碑，因为陵墓修好时万历皇帝和皇后都还健在，当然得等他们死后才能下葬，所以这是留下来让日后下葬的人知道地宫具体位置的指示，只不过皇帝葬进去之后没有挖掉罢了。

接下来便是打开地宫门了。在墙砖被抽出的一刹那，一股黑色的浓雾从洞中喷射而出，一股霉烂潮湿的气味迅速弥漫开来。

考古队员们大为惊慌，不过即刻恢复了平静，因为他们发现，这不是毒气，只是地宫内三百多年积聚的腐烂发霉物质的气体。等气体散尽后，几位考古队员迫不及待地穿过金刚墙，开始在漆黑的洞穴内摸索前行。

"快看，地宫大门！"不知是谁突然大喊一声，众人顺着电光的方向望去，若隐若现中，两扇洁白如玉的巨大石门矗立在前方不远处。

这两扇沉重的汉白玉石门却给考古队员们出了道难题——怎样努力都推不开。顺着门缝往里面看，发现原来是有一个大条石堵住了门，这应该是卡在门后的两个凹槽里而牢牢固定住的。

幸运的是，定陵中并没有设置机关暗器，一道道地宫大门被顺利开启。手电光打去，只见雾气缭绕中，无数条亮晶晶的锥形物体悬挂在头顶，像是出鞘的宝剑，直冲地面而来。原来由于地宫封闭日久，里面充满水气，门上的青石在水气的浸蚀中碳酸钙逐渐溶解，随着水滴一点点流淌下来，日积月累，终于形成宝剑状的"钟乳石"，漆黑幽暗的环境看去，像是一排倒悬的飞刀。

地宫分为前后中左右五个大殿，形制与地上的宫殿类似，但全部是石结构，左配殿是寝宫，却没有棺椁。棺椁都放置在后殿，配以各种珍奇的陪葬品。考古队员们顺利地走到了各个房间，发现了万历皇帝和两位皇后的汉白玉石神座和棺椁，以及丰富的陪葬品。

事实证明，定陵地宫并没有传说中的各种机关，这固然保证了考古工作者的安全。难道那重重机关只是一个传说，用来吓退接踵而至的盗墓者的？还是当时的明王朝根本不怕有人侵扰，对自己的江山信心十足？对于这个，我们不得而知，只能通过地宫中的种种遗物，探究昔日的大明王朝。

陵墓祠堂

1959 年，在原址建立定陵博物馆并正式对外开放。如今，定陵已成为北京著名的旅游景点之一。

定陵龟驮碑为何又叫"月亮碑"

明十三陵的每座陵宫前都有一座龟驮碑，即神功圣德碑（崇祯帝的思陵除外）。在万历皇帝定陵龟驮石碑的右上角，有个白圆形的东西，至今清晰可见。自明代以来，一直流传着"定陵月亮碑"的神奇传说。

明朝历经十六帝，万历皇帝朱翊钧是其中最有名的昏君，他十岁登极，二十一岁就兴师动众为自己修造陵墓，曾长达三十年不上早朝。万历皇帝长年累月久居深宫，与郑贵妃寻欢作乐。

据说，有一天，万历皇帝在昏睡中见了火神爷，说他昏庸无道，要烧了他已预先建好的定陵。万历仗着自己是所谓的天子，大声喝道："我乃真龙天子，难道还会怕你不成？帝王陵寝，自有神佑，谅你不敢，恐怕你也没有这个能耐。倘若将来定陵真的被烧毁，让我现在就瞎一只眼。"话音刚落，火神爷竟哈哈大笑而去，一转眼就没影了。神宗吓了一跳，不禁从梦中惊醒。他正想要睁开眼看看周围，左眼却像是被眵目给糊住了，怎么也睁不开。不久，他的左眼竟真的瞎了。神宗回想梦中的情景，吓得神志迷乱，从此缠绵于病榻，没过几天就死了。

万历皇帝死后，由于不放心陵墓，他的右眼始终没有闭上。入葬后，右眼放出的光投射到石碑上，就成了那个白圆形的东西。每逢阴历月底和月初，这东西就亮如十五的月亮，从此，"定陵月亮碑"就被叫了开来。民间传说，这个白圆形的东西是神宗的右眼变的，因为他怕火神爷真的要来烧他的定陵。尽管如此，定陵仍未逃过火烧的劫难。

由于碑上的"月亮"已被大火烤死，所以那个"月亮"也不再发光了。

清朝陵墓

自 1616 年努尔哈赤建立"后金",到 1636 年皇太极改国号为"清",到 1644 年顺治帝入主北京,再到 1912 年宣统帝退位,清朝历经二百九十六年,共有十二位帝王,其中,关外两位皇帝,关内十位皇帝。是中国历史上第二个由非汉族建立的统一政权,也是中国最后一个封建帝制王朝。

在此期间,清朝先后开辟了三处皇家陵园,即关外三陵、清东陵和清西陵,共建有皇帝陵十二座、皇后陵七座、妃园寝十座。其中,关外三陵指的是清太祖努尔哈赤的福陵、清太宗皇太极的昭陵,以及在满洲老家赫图阿拉埋葬着的清朝远祖肇、兴、景、显四祖的永陵。

清朝东西皇陵选址有何玄机

清朝自 1644 年入关后,先后有十人当了皇帝,除末代皇帝溥仪外,其余九位皇帝均按帝制葬礼,归葬于东陵、西陵两处。而溥仪死后多年,其骨灰最初安葬在北京八宝山革命公墓,后来迁葬于河北省易县华龙皇家陵园,该陵园距离清光绪皇帝的崇陵后围墙仅两百米。东陵、西陵成为封建社会最后两处陵址。

东陵位于河北省遵化市马兰峪西部昌端山主峰南麓,是一座规模宏大、体系较完整的古代陵墓建筑群。整个陵区共有清帝陵五座——孝陵

（顺治）、景陵（康熙）、裕陵（乾隆）、定陵（咸丰）、慧陵（同治），皇后陵四座，妃园寝五座，公主陵一座。这十五座陵墓，埋葬着清五位皇帝、十五位皇后、一百三十六位妃嫔、十六位阿哥、两位公主，慈禧太后也埋葬在这里。

西陵在河北省易县城西的永宁山下，也是一座规模宏大、富丽堂皇的古代陵墓建筑群。整个陵区共有清帝陵四座——泰陵（雍正）、昌陵（嘉庆）、慕陵（道光）、崇陵（光绪），皇后陵三座，王公、公主、妃子园寝七座。这十四座陵墓群，共葬了七十六人。

清王朝的帝陵陵址选择在这两处是有原因的。特别是东陵的陵址，与政治风水大有关联。所谓政治风水，就是借风水外衣为其政治需要服务。这是中国封建社会历代统治者所惯用的手法，顺治帝当然也明白这个道理。各种野史传说给东陵陵址的选定披上了一层神秘的外衣。

第一种说法是顺治帝自己看中的。顺治帝曾经校猎遵化，到达这里时，停辔四顾，说："此山王气葱郁，可为朕寿宫。"于是，摘下指环，抛掷出去，对侍臣说："指环掉落的位置定为穴，你们可以动工了。"但可以肯定的是，陵址的选择的确需要皇帝钦定。

第二种说法是明亡国之君崇祯帝选中的。由于李自成杀进北京，崇祯帝还没来得及为自己的寿宫动工就吊死在了景山。明朝亡国之君未能如愿享用的"万年吉地"，于是就被清王朝的入关之主占用了。

第三种说法是崇祯帝传给顺治帝的。清统治者入关后，在攻克扬州时，多尔衮曾致信史可法劝降，信中声言：清军入关不是为了夺得大明天下，而是为了帮助明朝消灭李自成。于是，在墓葬问题上，就有了明崇祯帝选陵址传给清世祖顺治的佳话。

这个说法是赢得汉人人心的政治需要。也许出于这个政治目的，顺治的孝陵乃至清朝以后的历代陵寝，大体都吸纳了明朝帝陵陵制。其中就包括对龙文化的接受。

司马迁在《史记·天官书》中称，"东宫苍龙""南宫朱鸟""西宫咸池""北宫玄武"四神保卫天帝的"中宫"。后来说法逐渐发展成四神在天上是保卫天帝，在人间是保卫帝王和他的臣民，在墓中是保卫墓主和他的灵魂。四神在墓葬中的出现，最早是在西汉古墓葬中，而且很快在墓葬中盛行起来，成为中国古代汉族的丧葬习俗、陵寝制度。

清帝陵中，不仅在地面建筑中遍布龙的形象，就是在地宫里也随处可见。也因此引出了道光帝慕陵地宫迁址西陵的故事。

按乾隆帝定的规制，道光帝的陵寝建在东陵，历时七年，于1827年建成，并葬入了孝穆皇后。

1828年的一个夜里，道光帝梦见孝穆皇后在一片汪洋中向他求救，醒来后十分不快，担心自己的地宫出了问题，随即摆驾东陵前去查看，果然发现地宫渗水。为此，道光帝大怒，下旨拆除陵墓，改在清西陵龙泉峪建造了新的陵寝。

道光帝认为，地宫进水是"群龙钻穴，龙口吐水"所致，所以在建造新陵时，特意将金丝楠木隆恩殿上的龙头做了修改：整个天花板，不用各帝通用的彩绘，而改用香楠木以高浮雕的手法刻成龙头向下俯视、张口鼓腮的形状。

此外，道光帝还传旨在隆恩殿的雀替、隔扇、门窗等各个部位，都用金丝楠木雕以各式的龙，龙头朝上，形成"万龙聚会，龙口喷香"的景观，以便让龙在天上争相吐香，不往地宫里吐水。

因为这一事件，以后的帝陵中龙的装饰便减少了。

清永陵的神树传说

清顺治时期，钦天监杜如予详勘了永陵风水后，向皇帝汇报说永陵风水为"天下第一福地"。他认为兴京永陵左砂龙头山，如青龙环护；右砂烟囱山，像白虎拱卫。陵前明堂平整开阔，苏子河如玉带围腰，陵后山峦起伏，浑河潆环，四神俱备，山川瑞秀，是不可多得的风

水宝地。

尽管这是封建迷信，然而清朝统治者却对此深信不疑，并用来作为皇权统治的精神支柱。

乾隆十九年（1754年），乾隆帝第二次东巡祭祀永陵时，封宝城内一株古榆为"神树"。关于这棵树民间还流传着这样一个传说。

相传明末崇祯年间，一日，钦天监回报，说他夜观天象，发现辽东有望不断的紫气滚滚而来，如同百条神龙腾云驾雾。这是混龙出世的预兆。崇祯担忧自己的皇位被篡夺，就请人到东北去破除那百条龙脉。

一班人马来到东北，走东沟，串西岗，见到龙脉就割"龙首"（也就是在龙脖处将山脉挖断），或者在龙头上压个小庙，以镇住龙气。就这样，他们一连破了九十九道龙脉。最后，他们发现了一条离地三尺的"悬龙"。

他们认为既然是悬龙，不附在地面上也就形不成龙脉，这样谁也葬不上，那也就成不了混龙，不破也罢。于是，众人便回京复命去了。

与此同时，努尔哈赤的祖父在长白山被其他部落打败，努尔哈赤的祖父背着父亲的骨灰匣，沿着长白山奔逃下来，重新找落脚之地。

这天，他来到苏子河畔的烟囱山下，见天色已晚，就走进了附近的一家客店。可是，店主人见他身背骨灰匣，认为不吉利，无论如何也不许他进店。无奈之下，他只好将父亲的骨灰匣寄存在外面一个安全的地方。他背着骨灰匣四处找地方，当走到龙岗山脚下时，眼前一亮，一棵大榆树，树干离地三尺而分叉，再安全不过。于是便把骨灰匣寄存在上面，自己回客店住下了。

第二天，他来取骨灰匣想继续赶路，可是骨灰匣像生了根似的，怎么也拿不下来。他一着急，从当地人家借来了一把斧子，一斧子劈下去，但是，大榆树竟流出了鲜红的血！他吓得发呆，这时，恰有一位老先生经过，他看了看大榆树，又看了看周围的地势，说："这儿是块风水宝地啊，前有烟囱山相望，后有龙岗山相依。这龙岗山有十二个山包，你家里将有十二代皇帝，天意不可违，你就把尸骨葬在这里吧。"

原来，那条"悬龙"正盘在这棵大榆树上，竟被努尔哈赤的祖先给压中了。

努尔哈赤的祖父葬好骨灰匣后，就回到长白山，将部落迁到了龙岗山附近的赫图阿拉。后来，努尔哈赤以为祖父报仇为由，凭十三副遗甲起兵，东征西讨，建立八旗制，发布"七大恨"，对明宣战，成了清王朝的奠基人，清朝也真的出了十二代真龙天子。

从某种意义上说，给清朝带来十二位皇帝的这棵神树曾经是清朝自身的一个象征。据传，1863年，这棵枝繁叶茂的神树被大风连根拔掉，巨大的树枝将永陵启运殿的屋顶都压坏了。同治帝感到此事不吉利，为了保住清朝的气数，他急命两位大臣赶往东北，用木墩子撑住神树。然而，效果只是暂时的，神树终究还是抵挡不住天意，没多久树根便腐烂掉了。

东北沦陷时期，末代皇帝溥仪还派恭亲王溥伟专程来永陵祭典，为这株神树留下了照片。照片上，这株神树伏地而眠，尽管有着巨大托架，却已了无生机。

几年之后，神树旁边又长出了一棵小榆树，名叫"配榆"。人们原

清永陵神树

以为这棵配榆会给清朝带来新的生机，但这棵小树也渐渐枯萎，大清朝到了第十二代便落下了长长的历史帷幕。

1985 年，全国第一个满族自治县于辽宁省新宾县诞生。为了发展旅游，发展经济，永陵文物管理所在启运殿又栽了一棵榆树，名曰"瑞榆"。清永陵于 1963 年被公布为"省级重点文物保护单位"，1988 年公布为"国家级重点文物保护单位"，2004 年 7 月 1 日被联合国教科文组织正式列入"世界文化遗产名录"。

道光皇帝三次建陵、迁陵之谜

一位皇帝登基之后，一生只能建一座陵寝，这是约定俗成的事情。可是，出人意料的是，道光皇帝一生却为自己建过三次陵寝，有过三次迁陵举动。

道光即位后，按清朝定制在东陵界内选择陵地建造了陵寝。陵寝建成并将皇后的梓宫安放其中后不久，道光却以地宫渗水为由推倒了陵墓，在几百里外的西陵重建。这是怎么回事呢？

道光帝旻宁还是皇子时，于嘉庆元年，娶了比自己大一岁的钮祜禄氏为福晋。可是，这位福晋并不长寿，二十八岁就病逝了。旻宁很怀念她，就遵照父皇之命，在京城附近的王佐村为钮祜禄氏修建了园寝，并于嘉庆十六年十一月十七日将钮祜禄氏以王子福晋之礼葬入园寝。

十年之后，旻宁继承皇位，即道光帝，追封钮祜禄氏为孝穆皇后。在讨论皇帝的万年吉地大事时，道光帝想在王佐村建陵，做法就是扩建孝穆皇后的园寝，大臣们赶紧照办。

可是，在实际操作时却发现了问题。

一是面临破坏祖制的风险。早在乾隆年间，乾隆帝就制定了东西陵分葬的昭穆之制，即父子分开埋葬，东陵葬父亲，西陵葬儿子。道光

帝如果在王佐村建陵，那就既不在东陵，也不在西陵，严重违背了大清定制。

二是侵占百姓的利益。王佐村园寝要想建成皇帝陵，必然要扩大规模。经过大臣们的勘测，发现需要迁走一座村庄，并要迁走很多座百姓的坟墓，这就严重侵害了百姓的利益。

因这两条原因，朝野上下对此议论纷纷。道光帝见阻力太大，不得不下旨废弃原主张："万年吉地仍按昭穆相建，于东陵界内选择万年吉地。"

道光帝做出了在东陵建陵的决定后，便于道光元年开始选址筹建。在建陵这个问题上，道光帝有一个宗旨，即"以地臻全美为重，不在宫殿壮丽以侈观瞻"。也就是说，建陵时，风水是第一位的，而建筑规模什么的并不重要。

道光帝选中了东陵的绕斗峪，但他认为"绕斗峪"这个名字不好听，第二年就改成了"宝华峪"，然后开始了大规模的陵寝营建工程。

历经六个寒暑，宝华峪陵寝完工了。道光帝见地宫坚固齐整、规模宏伟，非常高兴，大力奖赏了承办大臣：晋升戴均元为太子太师，英和官复一品顶戴，庄亲王绵课原来借国家的俸银四万两全部免掉，穆彰阿、宝兴、继昌等参与建陵的官员均论功行赏，就连一些工匠也得到了赏赐。道光七年九月二十二日，道光帝下令将王佐村地宫中的孝穆皇后迁葬到了宝华峪陵寝。

具体负责的官员奖赏了，孝穆皇后也迁葬了，按说此事已经完成了。然而令人大为不解的是道光帝最后并没有葬在宝华峪，而是葬到西陵去了，这样的做法并不符合乾隆的规定。

道光八年（1828年）九月，道光帝到京郊打猎，路过东陵，到自己的陵墓去视察，往地宫走了一圈，回到地面时，发现靴底潮湿，且先前曾梦见死去的孝穆皇后在海中向他呼救，便疑心地宫修建可能渗出地下水了。

他当即传谕留京五大臣会同刑部堂官，对选陵修陵的大臣及地宫渗

水原因切实根究。然后又再次亲临地宫阅视，发现地宫内积水最深处竟然达到一尺七寸，将棺床上孝穆皇后的棺材都淹了二寸。道光帝极为震怒，接连发出十三道圣谕，大骂办事的大臣是丧尽天良，指责英和等人罪大恶极。

最后，他做出两个决定：一是严惩承办大臣，罚款，免官，流放；二是再选吉地，拆毁这处已经建好的陵寝。

就这样，宝华峪陵寝完工后第二年，道光帝就又下令拆毁了它，把所有能用的材料全部运到了几百里外的京西易县，搬不走的材料后来在修建咸丰帝的定陵时用上，剩下的一部分砖瓦地基材料因为"与风水不甚相宜"被运到外面掩埋了。

苦心修建多年的宝华峪陵寝最终成了废墟。

既然废弃了东陵宝华峪陵寝，道光帝要在哪里建陵呢？大臣们也像无头苍蝇，有人建议，仍在东陵界内选择吉地，因为这是大清家法。但是，道光帝却主意坚定，坚持不在东陵建陵。他不顾一切，派人在密云、房山、蓟州、易州等各处，肆行选择万年吉地。最终，他相中了西陵界内的一块地方，赐名"龙泉峪"，作为自己的万年吉地。

龙泉峪工程自道光十一年开工，到道光十五年工程结束，历时四年多的时间，耗银二百四十多万两，陵寝被定名为"慕陵"。在慕陵隆恩殿前的月台左侧有一石幢，上面镌刻着道光帝的两首诗，主要是为自己从东陵迁到西陵作辩护。

第一首写道："毋谓重劳宜改卜，龙泉想是待于吾。人情可叹流虚伪，天命难谌懔典谟。郁郁山川通王气，哀哀考妣近陵区。因时损益无非教，驭世污隆漫道迂。岂敢上沿诸制度，或能后有一规模。心犹自慊增惭惧，慎俭平生其庶乎。"

第二首写道："吉卜龙泉工始成，永安二后合佳城。山川惬意时光遇，新故堪伤岁月更。世事看花悲既往，人情寄梦叹平生。东望珠阜瞻依近，罔极恩慈恋慕萦。"

从这两首诗中可见，道光帝的辩护是欲盖弥彰，原来迁陵的真正原因是他找到了比宝华峪更理想的上吉佳壤龙泉峪，难怪对渗水问题小题大做，原来是另有所图。只是可怜了当年那些承办的官员们，赔了钱财又丢了官职。

溥仪死后究竟葬在何处

中国末代皇帝溥仪一生充满传奇色彩，他的身份在历史沧桑中不断变化，许多人都略知一二。1967年溥仪因病在北京逝世。溥仪死后葬于何处？此事鲜为人知。

按封建国家定制，新皇帝登基以后，就要选择"万年吉地"，营建陵寝。宣统帝溥仪三岁即位，刚三年清王朝就灭亡了，他还没来得及选定"万年吉地"。

溥仪退位之后，根据优待清室条件，仍居住在紫禁城里，皇帝尊号不变，以待外国君主之礼相待，每年供给逊清皇室白银四百万两。这样，溥仪在这个小朝廷内继续当着"关门皇帝"。

1915年，溥仪十岁时，帝室决定为溥仪选择"万年吉地"。担此重任的是精通风水的广东廉州府李青。李青等人踏遍了河北省易县西陵的山山水水，最终选定了泰东陵旺隆村北的一处。清皇室讨论、验证后，当即将此地圈禁起来。但是，当时溥仪小朝廷没有自己的经济来源，何况时局不稳，所以陵址虽然选定，但一直无法施工。

不过，也有说法认为，溥仪入承大统后，便在崇陵旁的旺隆村北选定了"万年吉地"，并于宣统二年破土，采取了先地下，后地上，由后向前逐步施工的办法。施工一年有余，完成了地宫开槽奠基和明楼宝城等基础工程。辛亥革命爆发，清王朝便倒台了。至此宣统陵寝工程被迫停止，再没有恢复兴建。

1967 年 10 月 17 日，六十一岁的溥仪因患病在北京逝世，遗体于 10 月 19 日火化。对于骨灰如何处理，周恩来总理当时作了明确指示：一是可由爱新觉罗家族决定；二是可由家属选择在革命公墓、万安公墓和其他墓地的任何地方安葬或寄存骨灰。10 月 20 日家属聚会进行了讨论，经家族一致商定，将溥仪的骨灰寄存在八宝山人民骨灰堂。

1980 年 5 月 29 日下午，在政协礼堂为溥仪、王耀武、廖耀湘举行了隆重的追悼会。会后根据中央指示，将溥仪的骨灰盒移至八宝山革命公墓第一室。

1994 年，旅居海外的张世仪先生在河北易县崇陵西北兴建了一座华龙皇家陵园。为了提高陵园知名度，张世仪经过不懈努力，劝动了李淑贤，将溥仪的骨灰迁葬西陵。

安放仪式于 1995 年 1 月 26 日举行，由李淑贤将骨灰盒捧至墓穴前，安放在铺着黄缎的灵台上。简单的仪式之后，陵园工作人员将骨灰盒放入水泥筑的椁内，盖上椁盖，浇铸混凝土。中国封建社会最后一个皇帝的骨灰就这样安葬了。

宣统帝溥仪陵寝

李莲英墓为何被称为"鸡蛋坟"

李莲英是清末时期有名的太监，因生前得到慈禧太后的宠爱，在朝中飞扬跋扈，可谓做尽了坏事。他死后所安葬的陵墓，更是极为奢华，民间又称李莲英的陵墓为"鸡蛋坟"。

在海淀西八里庄以西的恩济庄是清代太监的陵墓地，其中最为引人注意的当属大太监李莲英的陵墓，李莲英的坟茔相传是用鸡蛋清拌石灰修建而成的。李莲英在世的时候，被慈禧太后破格封为宫内二品，但因康熙帝曾定下内监职衔最高不能超过六品的制度，所以，李莲英的陵墓不能超过二品的规格，因此不能用砖来砌坟。为了使坟茔坚固，李莲英派人买了大量的鸡蛋，将鸡蛋打碎后，去掉蛋黄，把蛋清倒入石灰中搅拌，用来修建坟茔。因此，民间有了李莲英坟是"鸡蛋坟"的说法。

少为人知的青崖禅师墓塔

在西山卧佛寺卧佛殿的北面，是一座面阔五间、上下两层的藏经楼，明清时期多位皇帝曾向这里亲赐经书，雍正皇帝亲笔辑录的《佛经语录》就保存在这里。藏经楼以西，有一座四角重檐、悬山卷顶的万松亭。

在万松亭与藏经楼之间，有一座砖砌的青崖禅师墓塔。塔前立一通汉白玉墓碑。碑首蛟龙造型，碑高近两米、宽一米，四周雕有花饰，正面镌刻着《大清京都普觉青崖元日禅师塔铭并序》。墓碑由太子太保、

文渊阁大学士兼吏部尚书史贻直篆额，由太保、保和殿大学士兼吏部尚书张廷玉撰文，翰林院内阁学士兼礼部侍郎张若霭书丹，立于乾隆十一年七月。

不过，在那个动荡的年代，青崖禅师的墓塔和石碑都没能幸免。墓塔被拆，石碑被推倒，碑身被弃置在荒草之中，碑座不知去向。直到1983年建立曹雪芹纪念馆时，青崖禅师的墓碑才被重新清理出来，竖于纪念馆西院的小碑林中。

青崖禅师（1680—1746年），俗姓丁元日，字青莲，淮安盐城人。他自幼聪颖机敏，举止异常，到七岁时竟然有了出家的奇想。他的父母倍感惊诧，但还是顺从他的心意，送他到了永宁寺出家。

为了寻求佛教真谛，青崖禅师携带一钵一笠，拜诸名师，云游四方。他的足迹踏遍大江南北，先后在天童寺、卧云庵、灵隐寺、云峰寺等著名寺庵拜师修行，也因此，佛学的造诣达到相当的深度。

雍正十二年（1734年）秋，雍正帝正热衷于提倡佛教，听到有人推荐闻名遐迩的青崖禅师，便召来京城。雍正帝对青崖的应对非常满意，又见他"仪观修伟，戒行精严"，便大加奖赏，赐紫衣四袭、宝盂、玉如意等物，并把他留在皇宫里。第二年，雍正帝又命青崖禅师主持天童寺。

乾隆帝继位后，乾隆帝又召青崖禅师来京，任命为西山十方普觉寺的住持。他在这座著名的卧佛寺主持法席达十一年之久，直到圆寂。

青崖禅师受到雍正和乾隆两朝皇帝的尊崇，曾两次被召来京师，长期往还，有深厚的交谊。雍正末年，曾对卧佛寺进行过一次大规模的重修，雍正帝亲自撰写了长达五百字的碑文，记述此寺沿革和修寺缘起，并亲自命名为"十方普觉寺"。

竣工后的卧佛寺为西山佛寺之冠。弘历登基当年，便把青崖禅师安置于此。此后，乾隆帝不顾路途遥远，经常往来于皇宫和圆明园、卧佛寺之间，乾隆帝的一首五言古诗《秋日普觉寺》就是在这期间完成的。由于与青崖禅师交往频繁，感情深厚，乾隆帝曾多次题诗相赠。

乾隆四十八年，乾隆帝下令又对卧佛寺进行了一次大规模的修建，还特意写了七言律诗《重修十方普觉寺落成瞻礼二首》，并题字刻碑，立于三世佛殿前东侧。

除雍正和乾隆两位帝王外，青崖禅师还与乾隆帝的同宗兄弟怡亲王弘晓有着密切的交往。弘晓非常尊崇器重青崖禅师，曾备好衣钵，请他开坛说经，一时僧侣云集，影响很大。雍正末年卧佛寺那次大修就是由弘晓的父亲胤祥出资的。

因为胤祥在修庙还未完成时死去，所以卧佛寺设了他的"神位"，怡亲王弘晓每年春秋都会前来承祀。同时，弘晓作为弘历的兄弟，也常陪伴皇帝来此。

弘晓与青崖禅师感情甚笃，写了一首七律《恭和御制香山示青崖禅师韵》，赠予这位卧佛寺住持："翠华遥临古刹新，四围山色映芳津。祇林寂静通方丈，莲社因缘契上人。法界潮音飘碧落，诸天香气奉清尘。追陪笑指拈花处，应悟观空色相真。"

除了皇族人士，青崖禅师还与文化界人士有着交情。"扬州八怪"之一的郑板桥就是其中的一位。这位以诗、书、画"三绝"闻名于世的才子，常与禅宗尊宿及期门、羽林子弟结交，终日浪游西山，诗酒唱和。他曾到香山以东的瓮山（今万寿山）圆静寺造访无方上人，又到香山西南方的法海寺拜谒仁公上人，与这些名僧幽窗夜火，品茗咏怀。

在友人的导引下，他在一个秋高稼黄的日子，来到黄叶遮径的香山，在卧佛寺结识了青崖禅师。两人一见如故，情投意合，狂饮畅聊了整个通宵。当他看到礼部侍郎张若霭和两江总督鄂容安的壁题诗时，不禁诗兴大发，一连挥写了四首七言绝句，这就是《访青崖和尚和壁间晴岚学士虚亭侍读原韵》。旅京赶考期间，郑板桥又写了另一首诗《寄青崖和尚》。

郑板桥离开北京五年之后，因怀念北京西郊的村野风光和西山名寺中的僧人朋友，于是他便在乾隆六年秋再次入京，到西山与青崖禅师、勘宗上人等旧友欢聚，沉浸在良辰美景与深沉友情之中。此时的青崖禅

师已经六十二岁了，郑板桥写了一首《山中卧雪呈青崖老人》："一夜西风雪满山，老僧留客不开关。银沙万里无来迹，犬吠一声村落闲。"此后不久，郑板桥被派往山东任范县令，此后再也没有见到青崖禅师。

青崖禅师圆寂于乾隆丙寅年春，乾隆帝发内帑银一百两，和硕怡亲王弘晓银五十两，交卧佛寺住持僧，会同内务府官员办理丧葬事宜。京郊诸山的僧俗官员都亲赴葬仪，堪称盛典。

不得不提的索家坟

出西直门往北，在通往学院路的大路上，有一处地名叫索家坟。据传这里是索尼的墓地，索家的后人也大都埋在这里，其中也包括索额图。

索尼是清王朝初期皇太极和福临两朝托孤的老臣。索尼，赫舍里氏，满族正黄旗出身，自幼精通满、蒙、汉三种文字，在努尔哈赤建国初期就受到了重用，初在文馆任职，后为努尔哈赤一等侍卫，出入扈从，随军征讨立下了功劳。

皇太极继位后，他又深得皇太极信任，成了不离左右的重臣。皇太极在病重时，把幼子福临托给了索尼。顺治五年（1648年），多尔衮专横跋扈，以索尼有意拥戴肃亲王豪格为由，将索尼削职为民，发往沈阳昭陵效力。多尔衮死后，索尼才得以平反昭雪，封一等伯，掌管军机。

索尼是四朝元老、两朝托孤的重臣，对清王朝可谓鞠躬尽瘁，死而后已。康熙六年（1667年），索尼病死，他的墓地就是海淀区的索家坟。

索额图是索尼的第三子，当年在海淀西山脚下曾流传"要做官，找索三"的民谚，索三就是索额图。

索尼生前为四大辅臣的首辅，对康熙帝尽心竭力，皇帝祖母孝庄太皇太后为了皇帝早日亲政，也为了抗衡鳌拜的专横，在康熙帝年少时，就把索尼的孙女封为了皇后，即孝诚皇后。皇太子允礽即孝诚皇后所生，但是皇太子出生之日正是孝诚皇后死亡之时，所以皇太子从小就由外祖索家人照看，索额图以太子外祖父的身份和太子形成了一种极为密切的关系。

索额图画像

随着皇太子年龄渐长，康熙帝每次外出巡视或出征，朝中大事均由皇太子处理，索额图既是当朝大学士又是皇太子的外祖父，自然也就参与其中了。

康熙四十年，索额图以年老请求告老还乡。这年皇帝巡视河南，皇太子随行，却病在了山东德州。康熙帝命索额图前往侍奉，在此期间，康熙帝发现皇太子与索额图密谋篡位，即命宗人府以清朝第一罪人之名将索额图拘禁。不久索额图便死于狱中。

索额图死后，一说葬在了西直门外的索家坟，还有的说因为索额图是以附逆谋反之名逮捕下狱的，这样的身份是不能埋入祖茔的，最后葬在了海淀西北旺镇的唐家岭村。今天虽然索家的踪迹在唐家岭村已难找到，但关于索额图的传说还一直在流传着。

铁狮子坟下面真的埋葬着铁铸的狮子吗

北京西城区北太平庄地区是在元大都时期被圈在城郭以内的，虽然空旷荒凉，但毕竟还算城里。明军攻克元大都之后，为了便于防守，把

北城墙向南缩进了两公里半公里，退到了现在护城河的位置。于是，太平庄地区就变成了地地道道的城外。

太平庄一带坟茔很多，有普通人家的私墓，也有埋葬贫民的义地。1954年，北京师范大学征用建筑用地时，就起出了主坟一百七十四座，无主坟二百八十四座。从如今北师大东门的公共汽车站名叫作铁狮子坟就可以知道，这一带原来是坟地。老北京有许多带"坟"字的地名，如公主坟、八王坟、索家坟等。当然，这些带"坟"字的地名含义和我们今天单纯意义上的墓地不同，它们大多是以坟主的姓氏或身份命名的一些自然村落。

铁狮子坟又有所不同，它不是以某个坟主的姓氏身份命名，而是以一对铁狮子命名的。狮子自东汉以来一直作为帝王公侯陵寝镇墓的神兽，多为石狮，铁狮子少见。这对铁狮子镇守的墓主究竟是何人已经很难查考了。

据当年参加过购地工作的老人们回忆，墓主姓白，他的后人曾经要求发掘墓穴。挖开后，发现墓穴中有两个放置棺木的台子。虽然没有挖掘出什么东西，但是既然有铁狮子镇墓，估计不会是一般人的坟墓，有可能早已被盗过。

那对铁狮子曾被摆在北师大新校舍家属宿舍的东门口，然而，1958年大炼钢铁时，这对铁狮子未能幸免，被送进了炼铁炉，化为铁水。

八王坟下埋葬的是哪位王爷

据资料记载及坊间传闻，八王坟就是当年清太祖努尔哈赤的第十二子英亲王阿济格的墓地，也是北京比较有名的一处清代王爷坟。

既然英亲王阿济格在努尔哈赤的众多皇子中排位第十二，为什么会把他的墓地称为"八王坟"呢？

这是因为阿济格在清朝初期开国诸王的排序中列为"八王",所以对于他去世后所葬的墓地,民间老百姓一直俗称"八王坟",并作为地名称谓一直延续至今。

阿济格,生于万历三十三年(1605年),是努尔哈赤的第十二子,与十四子多尔衮、十五子多铎同为太妃阿巴亥所生。阿济格从征察哈尔、喀尔喀、朝鲜,到与明军交手的宁远之战、锦州之战、广渠门之战,一直是后金骁将。

崇德元年(1636年),阿济格晋爵武英郡王,在攻略明朝保定等地时有"五十六战皆捷"的战绩。

顺治元年(1644年),摄政王多尔衮带领阿济格和多铎夺取了北京城,阿济格被封为英亲王,在王爷中排位第八。同年,他奉命追击李自成,军队开进江西。

1651年,多尔衮病死,阿济格密谋承袭摄政王位,可惜事情败露,遭到幽禁,后被赐死。其骨灰埋葬于通惠河畔一处荒凉之地,即后世所谓的"八王坟"。

康熙帝时期,开始重新重视阿济格的开国功勋。乾隆帝时期,下令重修八王坟,有了宫门、享殿、宝顶、墙圈、驮龙碑,正坟、土坟主次分明,更有"东衙门""西衙门"之别,占地一顷数十亩,规模宏大。

更值得一提的是地宫大门,据见过它的老人回忆,门后有两道弯槽,内有两个石球;关门时,石球顺着弯槽滚至门后,大门就无法推开了。但是,辛亥革命后,王爷坟的宫门、享殿均被拆除,变作砖瓦木料。

中国抗日战争时期,王爷坟多次被盗,"东衙门"因为埋有殉葬品,更是首当其冲。到了解放初期,八王坟已经破败不堪。1950年,"东衙门"地皮被财经印刷厂征用,五年后转给葡萄酒厂,正坟和"西衙门"则被度量衡厂占用。与厂区配套,八王坟一带很快形成了居民区。

进入21世纪后,一系列高楼大厦拔地而起,而原来历史上曾经真正存在过的"八王坟",早已随着时代的变迁变换了容颜。

陵墓祠堂

慈禧为何要刨光绪帝生父的园寝

在北京西郊的妙高峰下，有一座"七王坟"园寝，这就是清代光绪帝生父、醇亲王奕譞的坟墓。据说，醇亲王死后多年，园寝上的一棵古树竟被慈禧太后下令砍去。这到底是怎么回事呢？

醇亲王奕譞所选定的这块地方，泉壑幽美、层峦叠嶂、景色宜人。当时醇亲王正在蔚秀园养病，有一天，他到西山响堂庙闲游，恰巧碰见他的两个旧仆王照禄和王正光，原来他们正带着李唐赶往妙高峰勘察风水，于是醇亲王便也随之而去了。

到达妙高峰后，李唐一番勘察，断定这里的一处风水极佳，醇亲王听后喜不自禁，决断要在这里修筑园寝。

为了帮助醇亲王奕譞置买茔地，慈禧太后和同治帝还专门拨了白银五万两。对此，醇亲王感激涕零，特别赋诗一首，刻碑立于园寝，作为纪念，其中就有"何幸平生遭际盛，圣明钦赐买山钱"一句。

醇亲王园寝坐西朝东，前方后圆，依山顺势，步步升高。台阶之上，建有碑亭、月牙河、石拱桥、享殿和宝顶。按清朝定制，王公府第的园寝应用绿、蓝色琉璃瓦，但醇亲王的碑亭盖的却是皇家专用的黄色琉璃瓦。仅此一端，就显示出醇亲王身份的不同凡响。

据记载，醇亲王奕譞过世后，最初运输的碑石比目前竖立在碑亭内的石碑高大许多，但因为过于沉重无法运上山，不得已才留在山下，后来竖在了醇亲王同母弟孚郡王奕譓的园寝——九王坟的碑亭中，而将孚郡王园寝中一块较小的石碑运上了山。

园寝内泉水淙淙，林木茂盛，除苍松翠柏外，在奕譞墓道前，还长着一棵古老的银杏树。此树高近四十米，树身八九人合抱，据说种植于金元时期。然而，就是这棵枝繁叶茂的古树，却使醇亲王奕譞死后难安。

慈禧时期，有个内务府大臣，名叫英年，此人精于风水之术，曾为慈禧太后选定普陀峪作为万年吉地。他因急着想升官，常常无中生有地创造一些立功的机会。

有一天，他对慈禧太后献媚说："醇亲王园寝中有一棵古白果树，高十几丈，树荫数亩，形如翠盖，罩在墓上，按地理有帝陵之象。而且白果的'白'字，加在'王'字之上，明明就是个'皇'字，于皇家本支不利啊，应快快砍掉这棵古树。"

慈禧太后一惊，片刻之后回道："我就命你等伐之，不必告他。""他"指的就是光绪帝。内务府诸臣虽然领了懿旨，但谁也不敢轻举妄动，于是奏闻了皇帝。

光绪帝听后当然不许，并且严厉下谕："你们谁敢砍断此树，那就先砍下我的头！"诸臣只好又去请示慈禧太后。如此，两边僵持不下。

一个月后的一天，光绪帝退朝时听太监说，太后已在今天黎明时分带内务府人往醇亲王园寝去了。光绪帝急忙命驾出城，奔至红山口，遥见亭亭如盖的银杏树没了踪影，不禁号啕大哭。一直哭了二十多里，到达园寝时，慈禧太后已经离去了，古树横在地上，几百人围着正在砍树根，周围还挖了十几丈的深池，用石灰拌水灌树根，防止它复活。光绪帝沉默无语，绕墓走了三周，掩泪而回。

这一件事在光绪帝的老师、大学士翁同龢的日记上也有记载："园寝有银杏一株，金元时物，似前月廿三事，懿旨锯去。"标注的时间为光绪二十三年（1897年）五月初七。

翁同龢落笔简单，略去前因，只记了后果。如果不是事先知道这整件事的来龙去脉，简直让人摸不着头脑。

这件事在当地还有种种传言。有的说，在挖树根时，从底下钻出了数千条的蛇，蛇身大的有一尺多粗。还有的说，光绪二十六年（1900年）闹义和团，就是这些蛇精转世报仇。不过这些都是些添油加醋的传言罢了。

清皇陵的三次疯狂被盗事件

作为中国的最后一个封建王朝，清朝在长达二百九十六年的历史中修建了众多的皇家陵墓，清东陵是其中规模最大的陵墓群，现在已是世界文化遗产。关于清皇陵，有着众多的传说，其中就包括三次疯狂被盗事件。

第一次被盗事件。1928 年，也就是清朝覆亡后的第十七个年头，挂着国民革命军旗号的十二军军长孙殿英制造了第一次东陵大盗案。

俗话说，不怕贼偷，就怕贼惦记。慈禧陵随葬了大半个国库的珍宝，本想到了另一个世界里继续像生前那样过骄奢淫逸的生活，但是价值六千多万两白银的财宝，怎能不叫人眼红？

1928 年夏天，孙殿英率部驻扎蓟县马伸桥，这里与清东陵只有一山之隔。因为孙殿英的队伍不属于正规军，所以孙部粮饷被长期拖欠克扣，以至官兵半年没有发饷，军心浮动，甚至有哗变的危险。

在贪婪和威胁的双重推拉作用下，孙殿英把目光放在了大宝库定东陵上。清东陵陵区内那么多座墓，为什么孙殿英首先看中的是慈禧太后的定东陵呢？

这当然是慈禧的珠宝惹的祸。慈禧生前就以挥霍无度、敛财爱宝而著称，她重新修建的陵园奢华甚至超过了紫禁城，不难想象她的地下陵寝必然也是豪华万分。再加上慈禧太后安葬时间很近，下葬情况民间还有线索，进入地宫比其他陵墓要容易得多。

一想到那些诱人的珍宝，孙殿英感到热血沸腾。他立马命令手下师长谭温江，以"剿匪"的名义扫清了清东陵附近的其他军事力量。随即，孙殿英以搜索敌人、检查武器为名，名正言顺地开进陵区。紧接着，他四处张贴告示，宣布为保护东陵安全，要在陵区举行军事演习，

将陵区完全封锁。

费了九牛二虎之力，他们终于找到了定东陵的地宫入口。他们不想再浪费时间，便用最简单的办法打开了地宫门——炸药。

冲进地宫后，所有殉葬宝物被一抢而空，匪兵发疯般刀劈斧砍。他们撬开了慈禧的棺木，横扫满棺的珍宝，并撬开慈禧的嘴，挖走了嘴中那颗硕大的夜明珠。然后，慈禧的尸骸则被抛出棺外，扔在地宫的西北角。匪军抢劫完珍宝后扬长而去。

当住在天津的逊帝溥仪听说东陵被盗后，派遣清朝遗臣来重新安葬慈禧。整个地宫中，除了残破的棺木和破烂的衣衫外，什么也不剩。

孙殿英盗掘皇家陵墓遭到社会各界的强烈谴责。事发后，溥仪等清皇室成员更是对孙殿英恨之入骨，纷纷要求国民政府严惩。惶恐中的孙殿英用盗来的珍宝四处打点，托人说情。

通过四处活动，孙殿英一点也没有受到惩罚，反而继续担任军长。等盗陵风波逐渐平息后，余下的珍宝或被变卖，或被毁坏，或被走私海外，至今下落不明。

1945 年 8 月，日本投降。在当年的后半年和次年初，东陵地区的民主政权尚未正式建立。政治上出现了临时真空，一些不法分子和土匪便乘机制造了又一起震惊中外的东陵大盗案。

这次被盗的陵寝有康熙帝的景陵、咸丰帝的定陵、同治帝的惠陵和慈安陵。陵寝被盗之多，损失之惨重，超过了第一次。这次盗案发生前后，其他陵寝也相继被盗，陵区外围的大量陪葬墓几乎无一幸免。

第二次盗案发生后，尽管政府进行了严厉镇压，但仍然有一些人贼心不死，欲壑难填。1949 年，东陵地区的某些村民丧心病狂，又对那些被盗陵寝进行了一次全面"扫仓"。所谓"扫仓"，就是对地宫进行二次搜查，不使珍宝遗漏。经过这次扫仓，那些幸存的文物，特别是地宫金井中的珍宝，全部被盗掠一空。

陵墓祠堂

清东陵的十大未解谜团

清东陵是中国最后一个王朝最宏大的帝王后妃陵墓群，也是中国现存规模最大、体系最完整的古皇陵建筑。这是一个至今让人们都无法忘记的地方，太多的谜团笼罩着这座神秘的陵寝。

顺治帝为何将关乎大清国运盛衰的皇家陵寝修建在这里？香妃究竟是谁，又身葬何处？乾隆帝的巨大棺椁为何会自己移动，抵住地宫石门？谜一般的清东陵，就如晨曦，若隐若现。这一个个历史谜团，牵动着很多人的心弦。

一是玄妙的风水之谜。清东陵选址充满离奇色彩，传说这本是明朝皇帝选的风水宝地，后被大清抢先占得，最后导致大明王朝的彻底毁灭。现在很多满族后人都认为，清东陵位居中华龙脉之首，巍巍壮观，山龙水龙皆美，是一处金锁玉关的宝地。

二是清东陵"七十二场浇陵雨"之谜。传说，清东陵正处在龙脉之上，而龙是行云布雨的神兽，所以清东陵每年都会下七十二场雨，分毫不差。

三是会自己移动的棺椁之谜。1928 年，孙殿英开始盗掘乾隆陵，开启最后一道石门时遇阻，怎么也打不开。后来用炸药炸开后，竟发现是乾隆的棺椁居然自己移动到门后，抵住了石门。20 世纪 70 年代再次开启乾隆地宫时，乾隆棺椁又自己移动到门口，顶住了石门，堪称奇迹。

四是唐山地震也震不动清东陵之谜。1976 年唐山地震，震区内房倒屋塌，一片狼藉。然而，同样属于震中的清东陵却毫发无损，成为一个科学难以解释的谜。

五是清东陵的地下是否还有宝物之谜。清东陵虽然屡被盗掘，其中大规模的盗窃案件就有七起，但是地下似乎永远有遗留下的珍宝。据说附近的村民时常会在田地里挖掘到宝贝。

六是慈禧是否被侮辱之谜。民间传言，当年孙殿英盗开慈禧陵墓时，发现慈禧的尸身仍未腐烂，身上摆满了绫罗绸缎、各种珠宝。有士兵愤怒地辱骂："我一个活人，难道还怕你个死人？"当众侮辱慈禧尸身……但当慈禧口中夜明珠被取出后，整个尸身瞬间风化了。

七是昭西陵为何建在清东陵风水墙外之谜。昭西陵是孝庄太后的陵寝，按理说应该回东北跟皇太极葬一起。如果嫌远没回东北，那也应该葬在清东陵最显要的位置。但是，事实是昭西陵居然建在清东陵外侧，这有何隐情？是否跟多尔衮有关？

八是乾隆地宫里的神秘经咒之谜。乾隆地宫里刻满了各种经咒，其中有很多都是看不懂的文字，至今也没有专家能完全解释其中的含义。不过，专家表示，其中的文字全都是吉祥经咒，不是传说中的黑暗诅咒。

慈禧定东陵地宫

陵墓祠堂

九是香妃之谜。香妃，传说是一位身上散发异香的美女子。在很长一段时间内，大家都认为她去世之后是归葬到了新疆，不过据考古挖掘证实，香妃葬在清东陵。

十是五音桥成"平步青云桥"之谜。五音桥位于清东陵主神道上，是清东陵著名的风水桥，被称为风水中的金锁玉关。近年来，五音桥被游客称作"平步青云桥"。据说走过这座桥就能升官发财，带来好运。

可以说，清东陵处处都是谜，每个景点后面都有一个神奇的故事。正因为如此，清东陵牵动着国内外热爱中国文化游客的心。很多人去了很多次，依然会有新的发现。作为中国皇陵的集大成者，清东陵总是留给人很多悬念与期待。